용기를 내어 당신이 생각하는 대로 살아야 합니다.
그렇지 않으면 머지않아 당신은 사는 대로 생각하게 될 것입니다.
– 폴 부르제(프랑스의 시인, 철학자)

Il faut vivre comme on pense,
sans quoi l'on finira par penser comme on a vécu.
– Paul Bourget

친절한 프랑스 자수로 꾸미는 우리집

셀린 기르젠티 휴리기뷔츠 **지음** | 배정은 **옮김**

터닝포인트

친절한
프랑스 자수로
꾸미는 우리집

2014년 4월 2일 초판 1쇄 인쇄
2014년 4월 7일 초판 1쇄 발행

지은이   셀린 기르젠티 휴리기뷔츠
옮긴이   배정은
펴낸이   정상석
기획·편집   신이수
편집·표지 디자인   앤미디어

펴낸 곳   터닝포인트
등록번호   2005. 2. 17 제6‐738호
주소   서울시 마포구 연남로 97‐1 3층
대표전화   (02)332‐7646
팩스   (02)3142‐7646
홈페이지   www.diytp.com
ISBN   978‐89‐94158‐53‐2 13630
정가   13,800원

사진   디디에 바르베코
디자인   클로털드 제누데
도안   셀린느 캉타

내용 및 원고 집필 문의   diamat@naver.com
(터닝포인트는 삶에 긍정적 변화를 가져오는 좋은 원고를 환영합니다.)

친절한 프랑스 자수로 꾸미는 우리집

Contents

❋ 현관에서 ⋯

그녀를 위해 ⋯ 24

So pretty! ⋯ 28

So chic ⋯ 30

우리 가족의 집 ⋯ 32

❋ 주방에서 ⋯

시장가는 날 ⋯ 38

식사시간! ⋯ 41

에스터와 시몬 ⋯ 44

작가의 말

세 번째 책을 소개하게 되어 무척 행복합니다. 빨간색만을 사용했던 지난 책에 이어, 이번에는 색감이 더욱 풍부하면서도 여전히 "Home sweet Home"의 분위기가 나는 작품들을 소개해 드릴게요. 사실, 가장 아름다운 일은 '집에서 편안하게 느끼는 것' 아닐까요? 지금부터 실과 천, 가위를 가지고 여러분의 보금자리를 위한 작품들을 만들어 보면 어떨까요. 여러분들이 자수를 놓으면서 행복해지기를 바라요.

항상 저를 도와준 저희 어머니에게 특별한 감사를 전해요. 이 책을 준비하는 동안 인내심을 가지고 큰 지지를 보내준 제 남편과 아이들에게도 감사를 전합니다. 그리고 아버지에게도요.

셀린 기르젠티 휴리기뷔츠

프랑스 자수의 기초

이 책에서는 프랑스 자수와 패치워크의 기본 기법들을 소개
하려 합니다.

프랑스 자수의 기본 스티치법은 뒤에서 따로 설명하고
(16~22쪽), 프랑스 자수를 하기 위한 준비과정을 단계별로
설명하겠습니다. : 천 위에 기준점을 잘 맞춰서 도안 올려놓
기(이 책에 소개된 실제 크기의 도안에서는 기준점을 화살표
로 표시하였습니다), 바늘에 실 꿰는 방법(8쪽), 천에 도안을
전사하는 전통적인 기법, 원형 수틀 사용법(9쪽), 앞뒷면이
완벽하게 깔끔한 작품을 완성하기 위한 첫 땀과 마지막 땀
처리기법.

자수를 넘어서 매력적이면서도 소박한 아플리케 기법도 소
개합니다. 11, 12쪽에서는 아플리케를 하는 여러 가지 방법
들을 설명하였습니다. 여기서 소개하는 아플리케 방법은 접
착심지를 이용하는 것입니다. 이 방법은 작업하기가 매우 쉬
울 뿐 아니라, 작업 결과물 또한 깔끔하답니다. 테두리에 블
랭킷 스티치를 해주어 작품을 한층 더 업그레이드 해주었습
니다. 모든 작품에는 실제 크기의 도안이 있으며, 사용된 기
법과 색깔을 명시하고 자수 진행방법을 설명하였습니다. 작
품 사진과 전체 도식 또한 실려있답니다.

자수나 아플리케가 끝나면 이제 여러 가지 방법으로 손바
느질을 할 시간입니다. 여기에 더 많은 비법이 숨어있습니
다. : 기본 봉제법, 전통 봉제법, 패치워크 봉제, 손바느질
과 재봉틀 봉제(13쪽), 누빔 또는 퀼팅 기법(14쪽), 샌드위치
(sandwich) 봉제법 또는 바이어스 마무리(15쪽)

몇몇 작품을 선택해서 작업계획을 세워보세요. 자수를 놓고
아플리케를 만들어 여러분의 집을 행복하고 활기 넘치게 꾸
며보세요.

천 준비하기

천을 반으로 접고, 또 다시 반으로 접어서 천의 가운데를 표시합니다. 접은 선을 따라 가로, 세로로 시침질합니다.

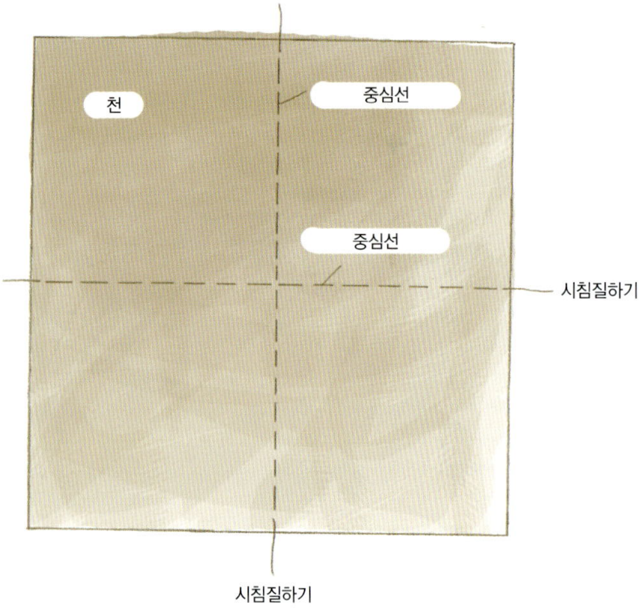

도안 위치 잡기

천의 앞면 위에 도안을 올려놓습니다. 도안의 가로, 세로 선이 천의 가로, 세로 선과 평행하게 놓습니다.

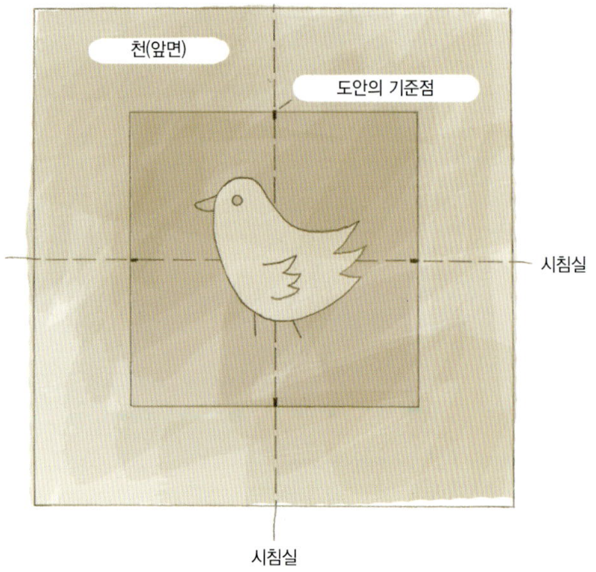

note 도안의 가운데를 알려면, 도안의 기준선에 표시되어 있는 화살표들을 수평, 수직으로 연결하여 선을 그어줍니다.

바늘에 실 끼우기

실 꿰는 도구를 사용하면 아주 작은 바늘 구멍에도 실이 잘 들어갑니다. 다음과 같은 방법으로 해도 바늘에 실을 꿰기 쉽습니다.

❶ 실 끝에서 몇 센티미터 남기고, 실을 접어 고리를 만듭니다.

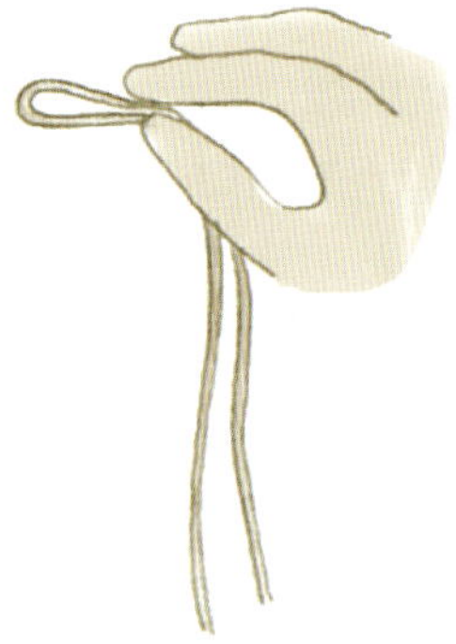

❷ 그 고리 안으로 바늘귀를 집어넣고, 실이 팽팽해지도록 바늘을 바깥으로 당깁니다.

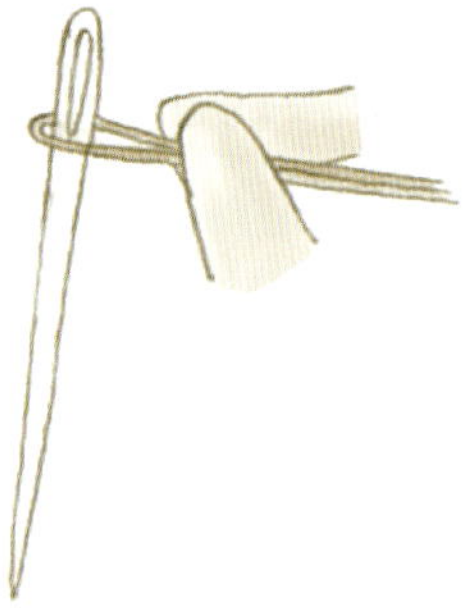

❸ 납작해진 실고리를 빼내어, 접힌 부분을 바늘귀에 넣습니다. 이 방법으로 실을 꿰면 실의 끝에 올이 풀리는 것을 방지할 수 있습니다.

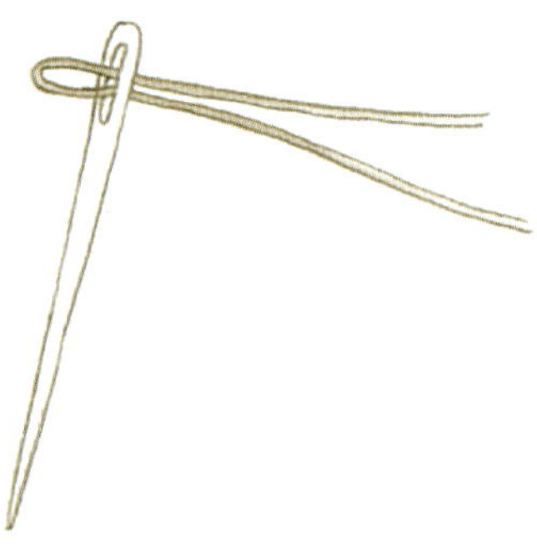

방법 1

트레이싱 페이퍼에 검정 연필(또는 검정 펜)로 도안과 기준점을 옮겨 그립니다.

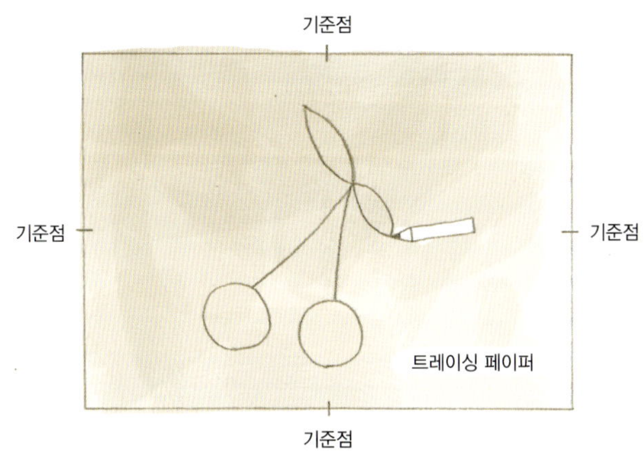

천의 앞면에 먹지를 놓고, 그 위에 도안의 기준점과 천의 시침실이 일치하게 트레이싱 페이퍼를 놓습니다. 너무 세게 누르지 않도록 주의하면서 연필이나 볼펜으로 도안의 본을 뜹니다.

note 라이트 박스 또는 창문에 천과 도안을 접착테이프로 고정시킨 후 도안의 본을 뜰 수도 있습니다.

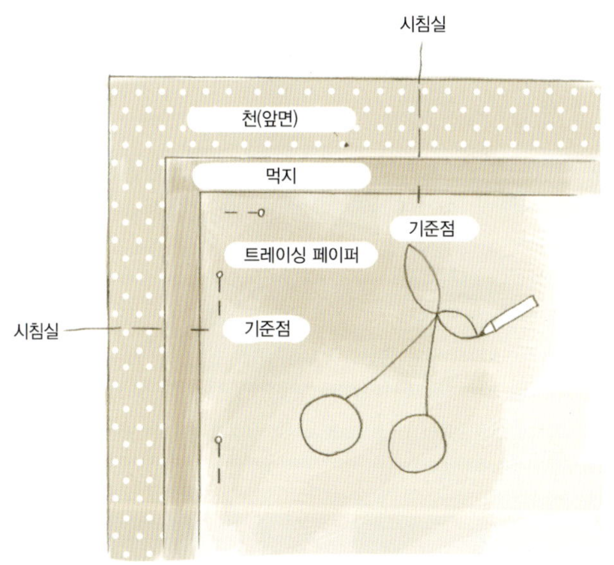

방법 2

트레이싱 페이퍼에 도안을 옮겨 그립니다. 천 위에 기준점을 맞춰 트레이싱 페이퍼를 놓은 후 고정시킵니다. 두 겹(트레이싱 페이퍼와 천)에 직접 수를 놓습니다. 수를 다 놓은 후에 트레이싱 페이퍼를 찢어 제거합니다.

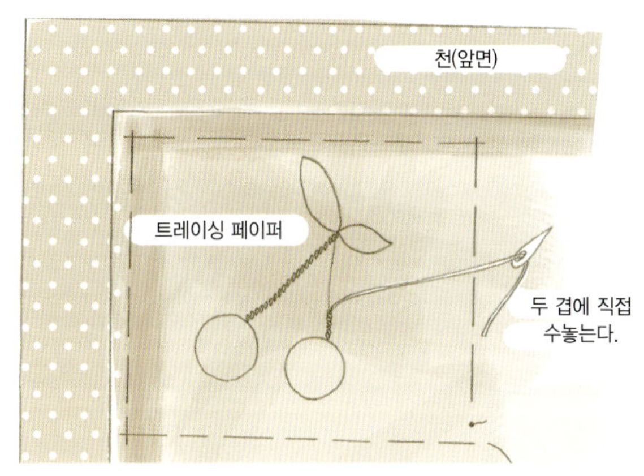

❀ 수틀 이용하기

수틀을 이용하면 작업이 훨씬 수월해집니다. 두 원형틀이 천을 팽팽하게 지탱해주고, 천의 종류에 따라 조임 나사를 이용해 조임 정도를 적절하게 조절할 수 있기 때문입니다. 그래서 수틀을 이용해서 수를 놓으면 스티치가 일정하고 균일합니다.

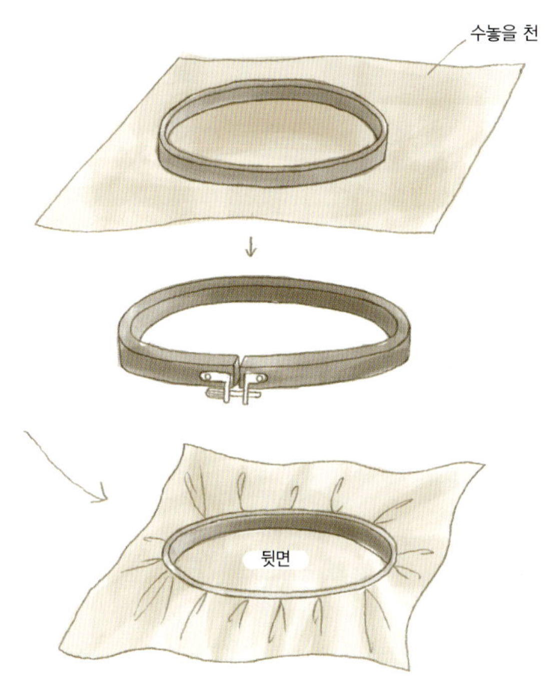

한 손으로는 수틀을 붙잡고 있고, 다른 손으로는 수놓을 도안의 위 아래로 번갈아 손을 움직이면서 수를 놓습니다.

✿ 첫 땀과 마지막 땀의 처리기법

자수 작품은 앞면뿐 아니라 뒷면도 깔끔하게 작업해야 합니다. 자수의 시작을 매듭 없이 깔끔하게 하는 방법 2가지를 소개하겠습니다.

1) 실을 잡아두기

자수의 시작점에서, 바늘을 천의 뒷면에서 앞면으로 꽂아 시작합니다. 이때 실끝을 2.5cm 가량 천의 뒷면에 남겨둡니다. 다음 스티치가 진행되면서 그 사이로 실끝이 고정되고 감춰질 것입니다.

1

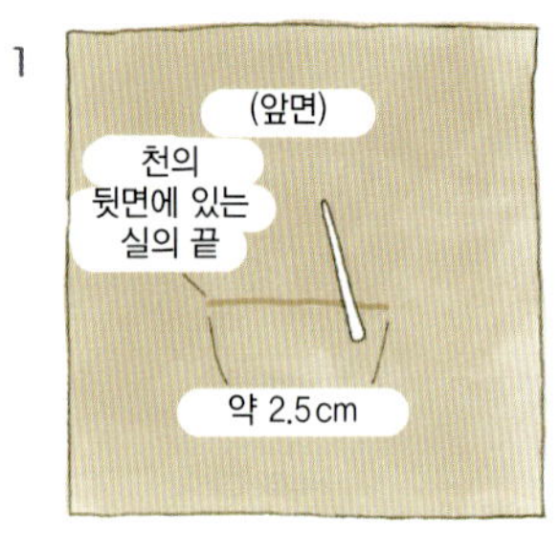

2

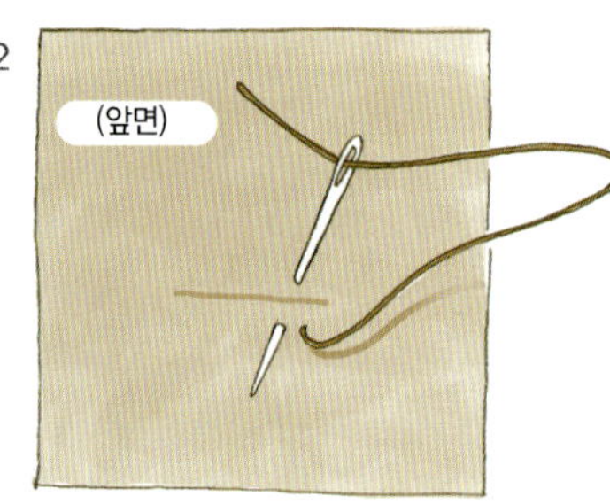

3

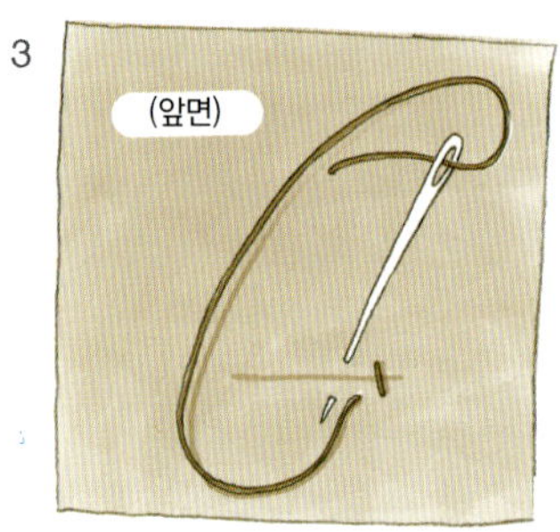

4-1

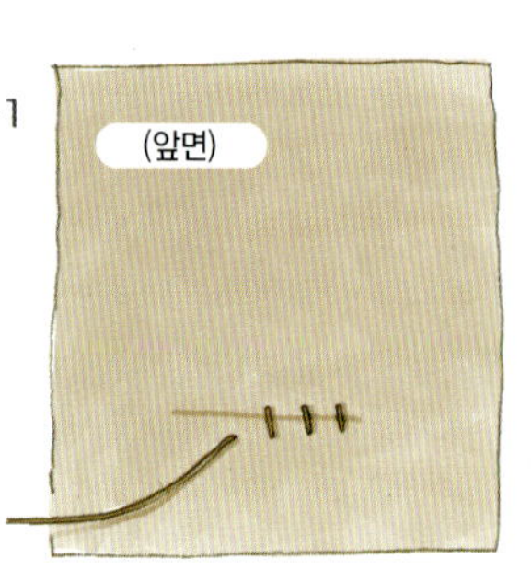

4-2

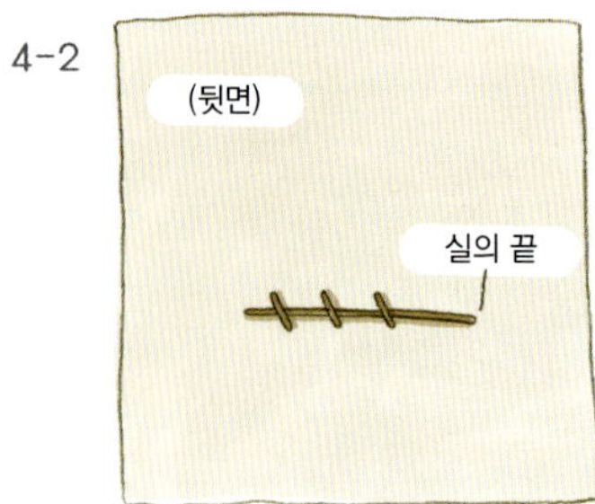

실 마무리 : 천의 뒷면에서, 수 놓여 있는 스티치에 바늘을 여러번 통과시킨 후 실을 자릅니다. 비칠수도 있으므로, 수가 놓이지 않은 곳의 뒷면에는 마무리 실이 지나가지 않도록 해야 합니다.

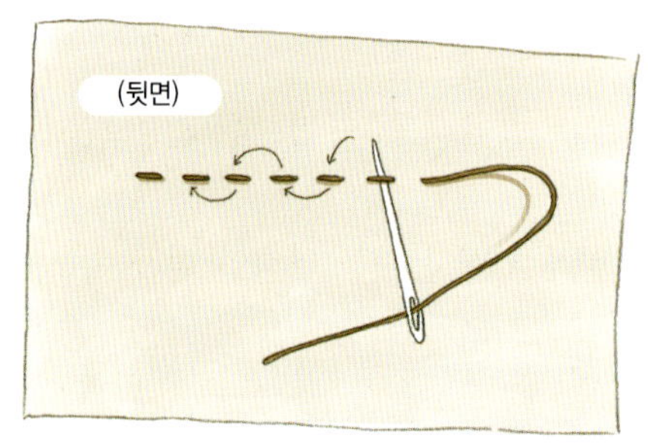

2) 실고리로 시작하기

이 방법은 실을 짝수 올로 사용하는 스티치에만 사용해야 합니다.

실을 보통 길이의 2배가 되도록 자르고(약 90cm), 반으로 접습니다.

실의 두 끝을 바늘귀에 넣고, 자수의 시작점에서 바늘을 천의 뒷면에서 앞면으로 빼냅니다. 이때 반으로 접힌 실 고리는 천의 뒷면에 남겨두어야 합니다. 다시 바늘을 천의 앞에서 뒤로 넣으면서 뒷면에 있던 고리 사이로 바늘을 통과시킨 후, 천의 뒷면에서 실을 살짝 당겨줍니다. 다시 바늘을 천의 겉면으로 빼고 자수를 놓습니다.

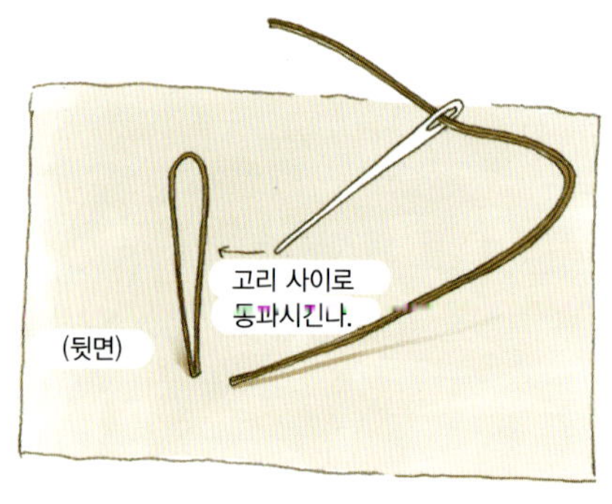

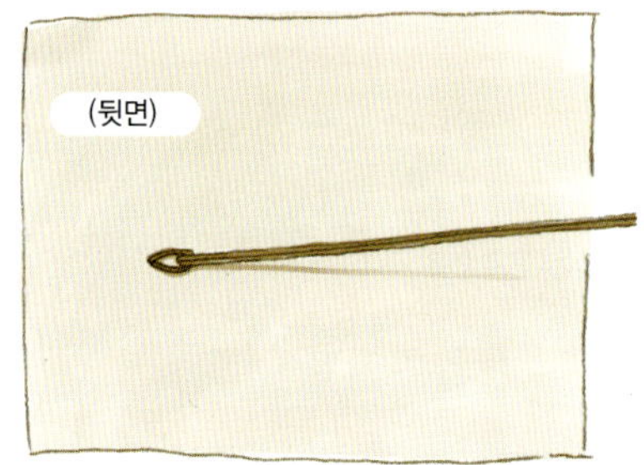

아플리케 기법

❋ 전통 아플리케

천, 시침실, 아플리케 견본 준비하기

가장 일반적으로 알려져 있는 방법이며, 특히 올이 잘 풀리는 천에 사용하는 방법입니다.

자르기 : 테두리에 시접 분량을 더하여 원하는 모양으로 천을 자릅니다.

준비하기 : 천의 뒷면으로 시접을 접어 넣고, 테두리를 따라 시침질합니다.

곡선 만들기 : 오목하게 안으로 들어간 곡선의 경우에는 시접에 규칙적인 간격으로 가윗밥을 줍니다. 볼록한 곡선의 경우에는 시접이 겹쳐지지 않도록 시접을 작은 삼각형 모양으로 잘라줍니다. 시접에 시침질을 합니다.

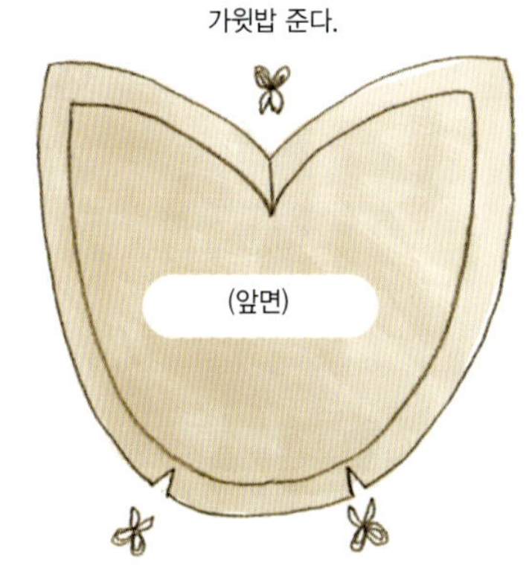

가윗밥 준다.

(앞면)

작은 삼각형 모양으로 자른다.

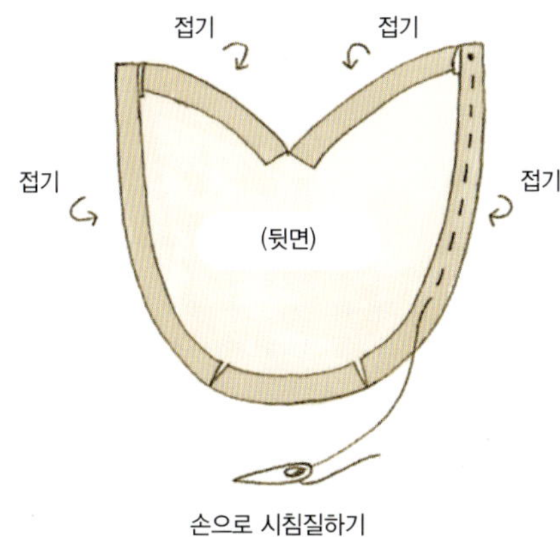

접기 · 접기 · 접기 · 접기

(뒷면)

손으로 시침질하기

모서리 처리하기 : 뾰족한 부분의 시접을 아래로 접고 양 옆에 있는 시접을 하나씩 접습니다. 세심하게 시침질하여 시접을 천에 고정시킵니다. 안으로 들어간 모서리는 가윗밥을 주고 시침질을 합니다.

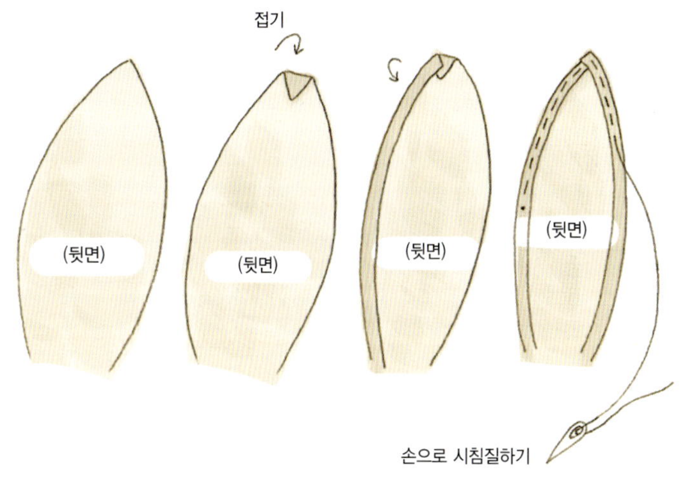

접기

(뒷면) (뒷면) (뒷면) (뒷면)

손으로 시침질하기

아플리케 스티치 : 아플리케 할 조각의 시접으로 접힌 부분에 바늘을 넣어 위로 바늘을 빼냅니다. 바탕천에 바늘을 넣는데, 실이 나왔던 점과 맞닿는 곳이면서 아플리케 조각보다 살짝 아래쪽에 바늘을 넣습니다.

(앞면)

바탕천

바탕천에 0.3cm 간격으로 바늘을 넣어 진행합니다. 접어놓은 시접에 바늘을 통과시켜 바늘을 위로 빼고, 같은 방법으로 아플리케 조각의 테두리를 스티치 합니다.

❋ 바늘로 시접을 넣으면서 하는 아플리케

준비없이 시작합니다. 아플리케 모양에 0.3~0.4cm의 여유분을 더한 모양으로 천을 자릅니다. 바탕천에 자른 조각을 바로 핀으로 (바탕천의 앞면과 아플리케의 뒷면이 마주보도록) 고정합니다. 바늘 끝을 이용해 아플리케 조각 아래로 시접을 넣어가면서 아플리케 스티치를 합니다.

자수를 놓은 아플리케의 경우 다음과 같이 작업해야 합니다.

❶ 선택한 천에 아플리케 견본과 자수 도안의 본을 뜹니다.

❷ 모티브를 수놓습니다.

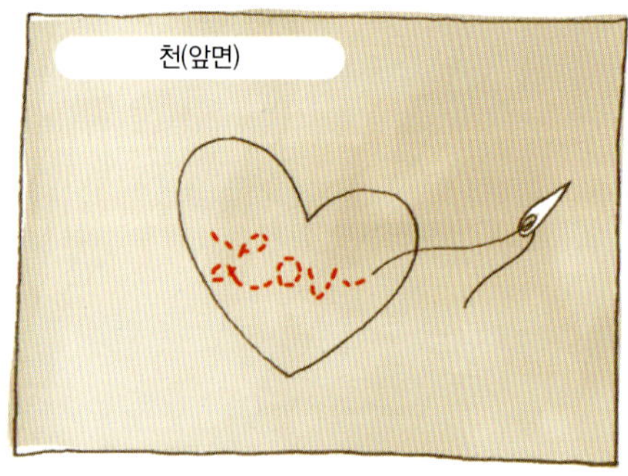

❸ 수놓은 천을 뒷면으로 뒤집습니다.

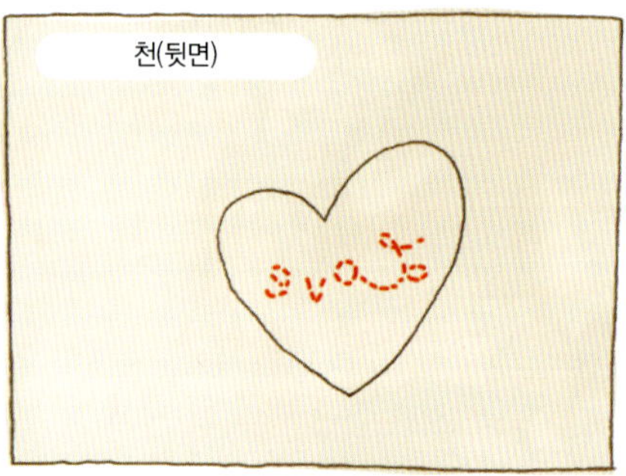

❹ 양면 접착심지의 종이커버 1개를 떼어냅니다. 양면 접착심지를 천의 뒷면에 올려놓고 다리미로 다려 붙입니다.

❺ 심지를 붙인 아플리케 조각의 테두리를 자릅니다.

❻ 모티브의 뒷면에 붙어있는 2번째 접착심지 종이커버를 떼어냅니다. 겉감 위에 아플리케 조각을 놓고, 다리미로 다려 붙입니다.

❼ 실 한 올을 이용해, 테두리를 아플리케 스티치로 돌려줍니다.

수놓지 않은 아플리케, 접착심지로 고정하기

다음과 같이 작업합니다.
1단계는 아플리케 본을 뜹니다. (자수 제외)
3-4-5-6-7 단계는 위와 같은 방법으로 합니다.

패치워크의 기초

패치워크는 손바느질로 해도 되고 재봉틀로 해도 됩니다.

손바느질 하기

연결해줄 천 2장을 준비하여 천의 겉면끼리 마주보도록 놓습니다.

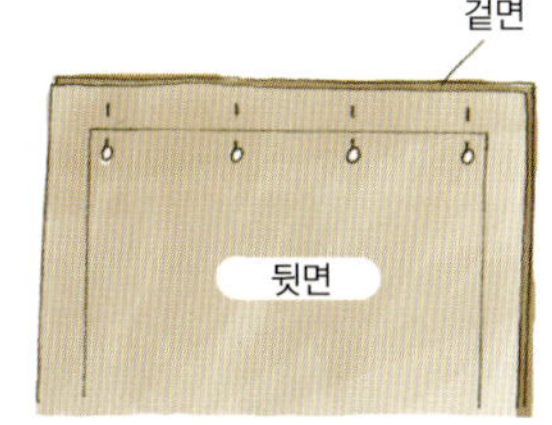

<u>주의</u> 매듭은 만들지 않는 것이 좋습니다(처음이든 끝이든). 특히 매우 어려운 봉제를 할 때 매듭이 있으면 바느질에 방해가 됩니다.

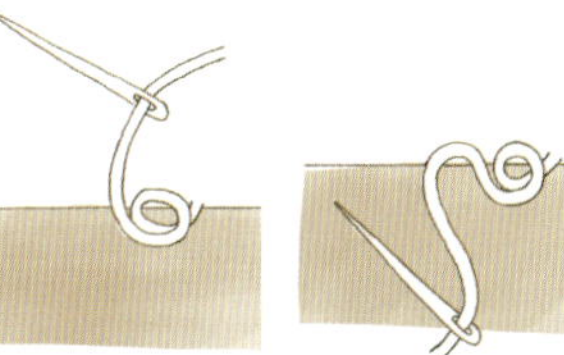

손바느질은 러닝 스티치로 합니다 : 봉제선의 한쪽 끝에서 시작하여 봉제선을 따라 반대쪽 끝까지 꿰맵니다. 이때 시접 여유분에 바늘을 찌르지 않도록 합니다. 천과 같은 색 실을 사용합니다.

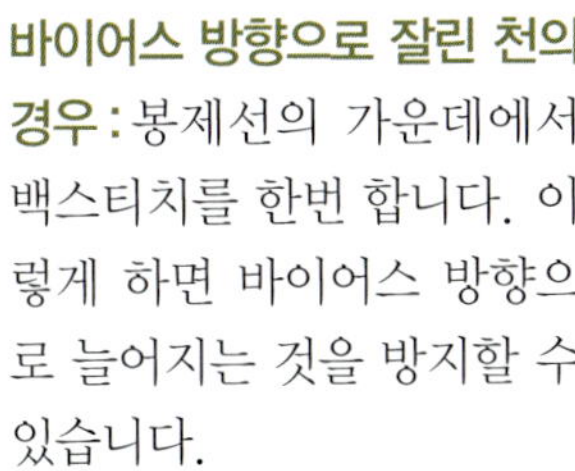

바이어스 방향으로 잘린 천의 경우 : 봉제선의 가운데에서 백스티치를 한번 합니다. 이렇게 하면 바이어스 방향으로 늘어지는 것을 방지할 수 있습니다.

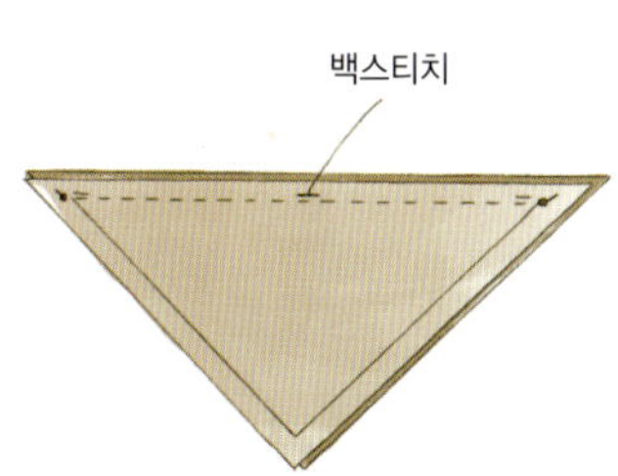

밴드들을 연결해야 하는 경우 : 아래 그림에 보이는 것처럼 시접을 접어주면 꿰매지 않은 시접의 방향이 자유로울 수 있습니다. 다림질 합니다. 이 방법은 작업을 다 끝내고 누빔 방법을 어떤 것으로 선택하느냐에 따라 시접의 방향을 자유롭게 결정할 수 있다는 장점이 있습니다.

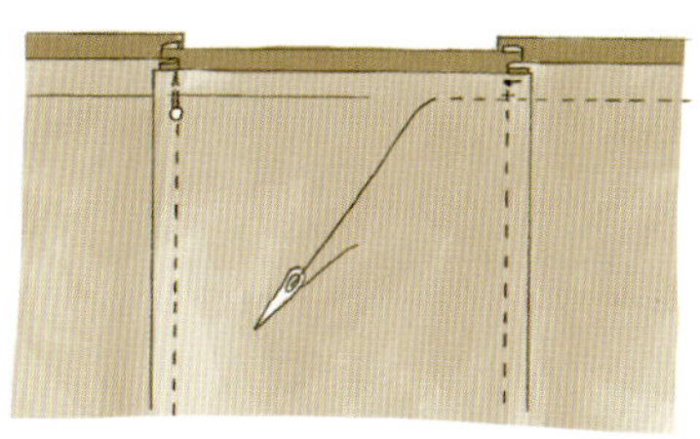

재봉틀로 하기

조각들을 연결하는 것은 재봉틀로 하면 더 빨리 작업할 수 있습니다. 재봉틀로 봉제하면 훨씬 빠르고 훨씬 견고합니다. 게다가 바느질이 더 촘촘해서, 시접을 양쪽으로 가를 때 좋습니다.

〈나인패치(Nine Patch)〉의 봉제 예시

3장의 조각을 나란히 놓고 봉제하여 밴드를 만들고 나머지 2개의 밴드도 같은 방식으로 만듭니다.

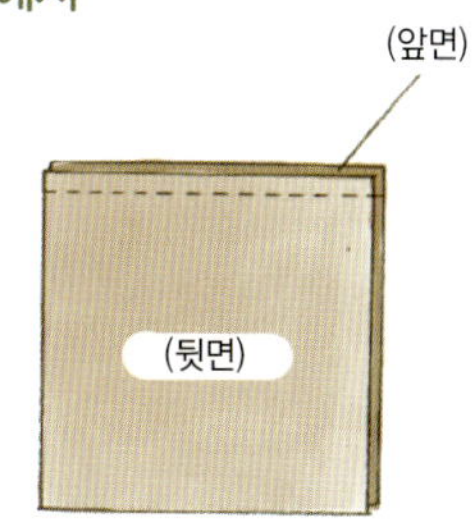

시접을 벌려서 다리미로 다립니다.

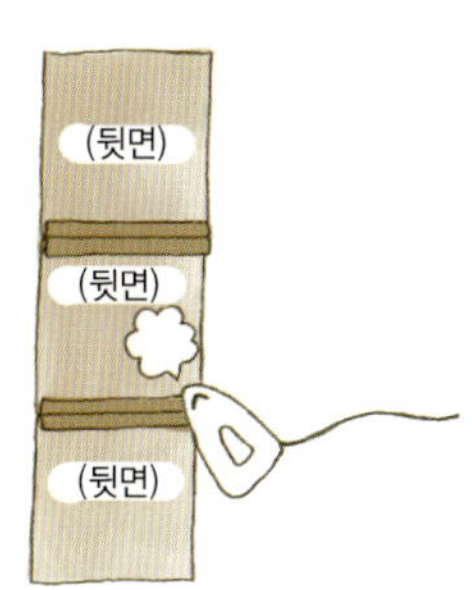

첫 번째 밴드의 옆에 두 번째 밴드를 놓고, 옆선을 봉제하여 연결합니다.

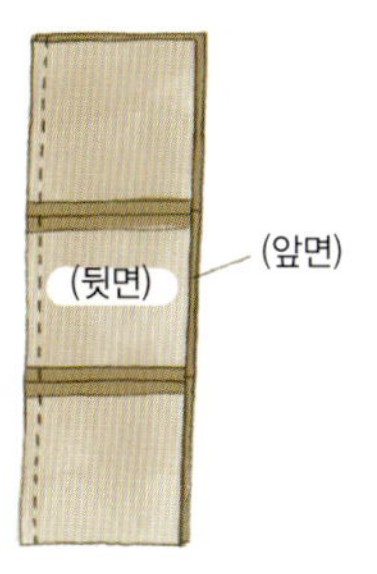

세 번째 밴드도 봉제하고, 시접을 벌려 다려줍니다.

모티브의 안쪽 또는 바깥쪽을 따라 누빔

아플리케의 안쪽 테두리를 따라 누비는 것이 일반적입니다. 이런 종류의 누빔에 변화를 주는 유일한 방법은 아플리케 바깥쪽으로 약 0.3cm 떨어진 곳에 스티치를 한번 더 하는 것입니다.

봉제선에 누빔

봉제선에 정확하게 누빔을 하는 방법입니다. 봉제선 바로 옆에, 시접이 접혀 들어간 곳과 대칭되는 위치에 누빔을 합니다. 누빔 옆에 있는 천이 부풀어 오르면서 누빔선은 가려집니다.

가장자리 누빔

안감의 뒷면을 위로 오게 놓고, 패딩솜을 놓은 후, 겉감의 앞면이 위로 오게 겹쳐 놓습니다.

윗면에 누빔할 선을 그리고, 느슨하게 시침질합니다.

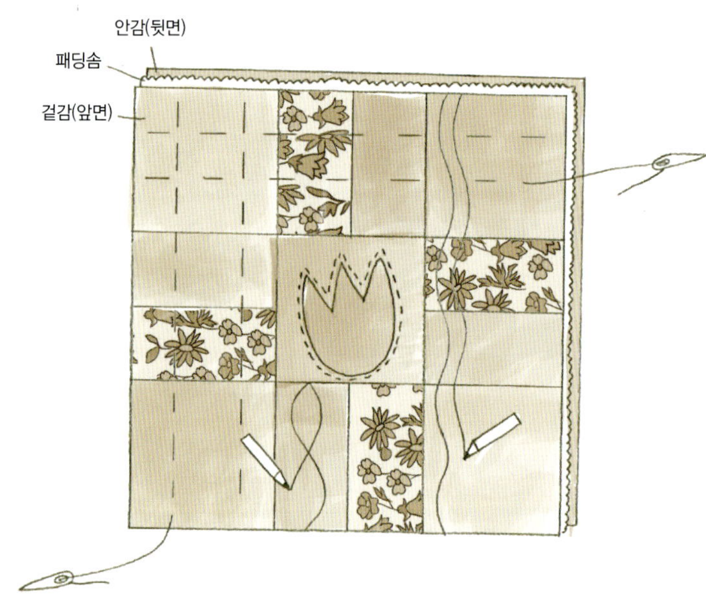

러닝 스티치를 매우 일정한 간격으로 촘촘하게 하여 누빔을 완성합니다.

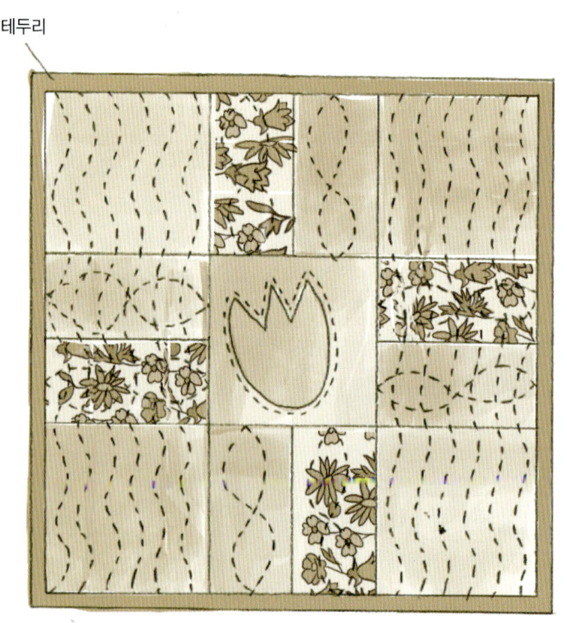

✽ 샌드위치(sandwich) 봉제법

때론 '샌드위치로 놓기(mise en sandwich)'라고 불리는 이 방법은 3겹(겉감, 패딩솜, 안감)을 봉제할 때 사용하는 방법입니다. 세심하게 작업하는 것이 중요합니다. 여러 겹이므로, 서로 밀리거나 불필요한 주름이 잡히거나 불규칙하게 작업하는 경우에는 모양이 안 좋습니다. 심혈을 기울여 시침질을 해야 마음에 드는 누빔이 나올 수 있습니다.

안감의 뒷면이 위로 오도록 놓고, 패딩솜을 가운데 놓은 후, 겉감의 앞면이 위로 오도록 놓아 시침바늘을 꽂습니다.

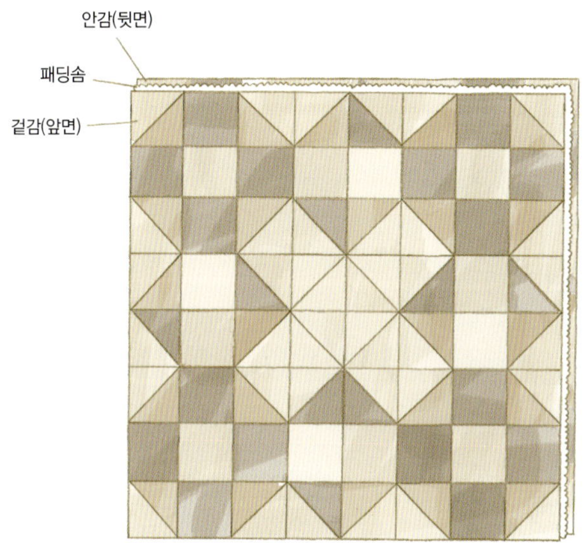

✽ 바이어스 마무리

바이어스 밴드를 겉과 겉이 마주보도록 겉면 위에 올려놓습니다. 바이어스밴드의 시접과 겉감의 시접 여유분이 겹쳐지게 놓고 꿰맵니다.

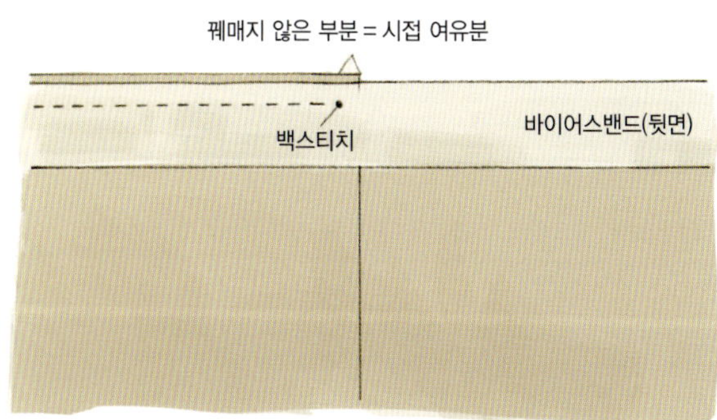

모서리는 아래 그림에서 보이는 것처럼 밴드를 겉감에 나란히 놓고, 시접 여유분에 해당하는 부분을 남기고 꿰맵니다. 밴드를 뒤로 접어서 공그르기 합니다.

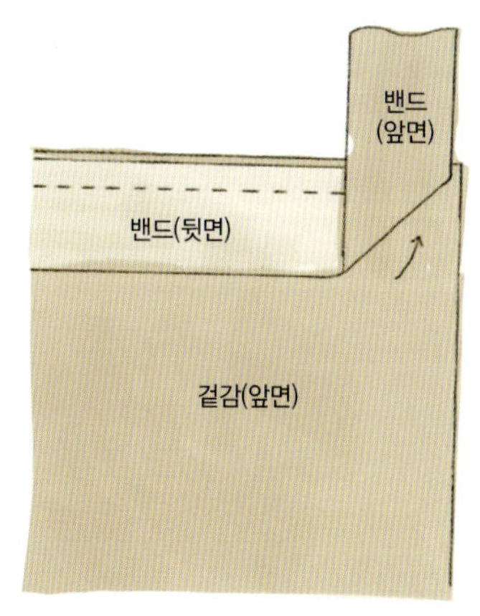

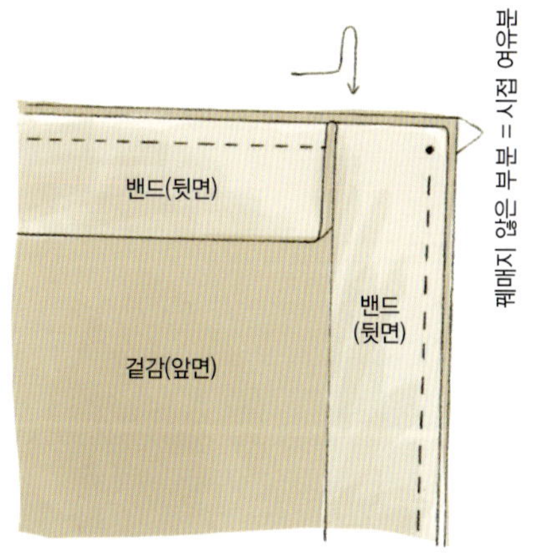

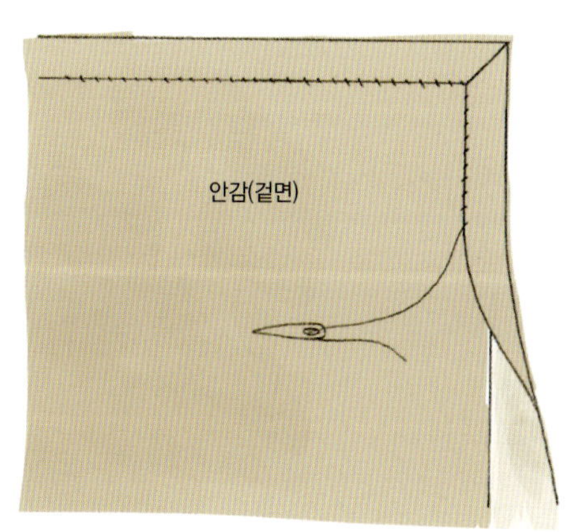

기본 스티치법

01 레이지 데이지 스티치 Point de bouclette

이 스티치는 특히 꽃잎이나 작은 나뭇잎을 수놓을 때 사용합니다.

1 ❶로 실을 빼서, ❶과 가까이에 있는 ❷에 바늘을 넣어 ❸으로 빼냅니다.

2 실을 바늘 아래에 놓아 고리를 만들고, 바늘을 빼서 ❹에 넣어 작은 버티컬 스티치로 고정합니다.

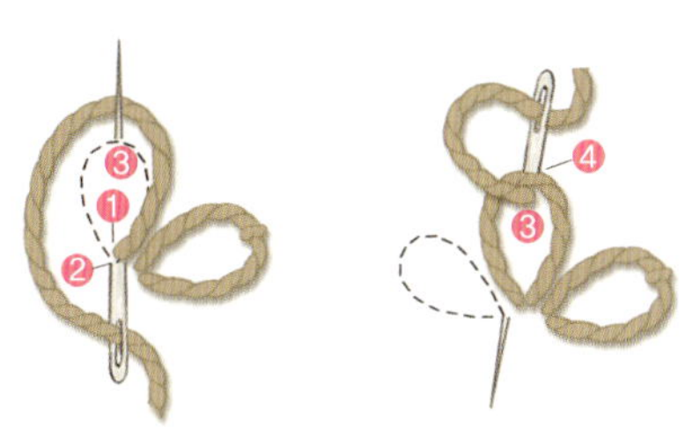

02 백 헤링본 스티치 Point de chausson rebrodé

1 헤링본 스티치를 수놓습니다(그림1 참고).

2 다른 색 실로 ❶로 바늘을 빼서 ❷로 넣고, 다시 ❸으로 빼서 ❹로 넣습니다.

3 다시 ❺로 바늘을 빼서 위와 같은 방식으로 수놓습니다.

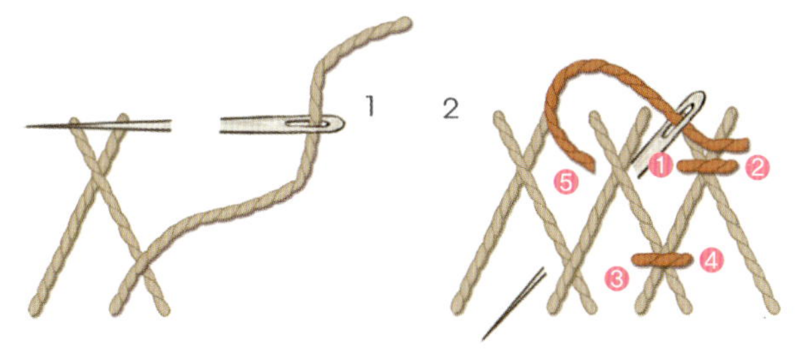

03 백스티치 Point de piqûre

하프백스티치와 같은 방식으로 하되, 스티치들이 서로 맞닿아 일직선을 이루는 스티치입니다.

1 오른쪽에서 왼쪽으로 진행합니다.

2 ❶로 바늘을 빼서, 오른쪽에 있는 ❷로 바늘을 넣고 ❸으로 빼냅니다.

★ ❶～❷의 간격과 ❸～❹의 간격은 같아요!

3 앞서 수놓은 실들이 상하지 않도록 주의하면서, ❶로 바늘을 넣습니다.

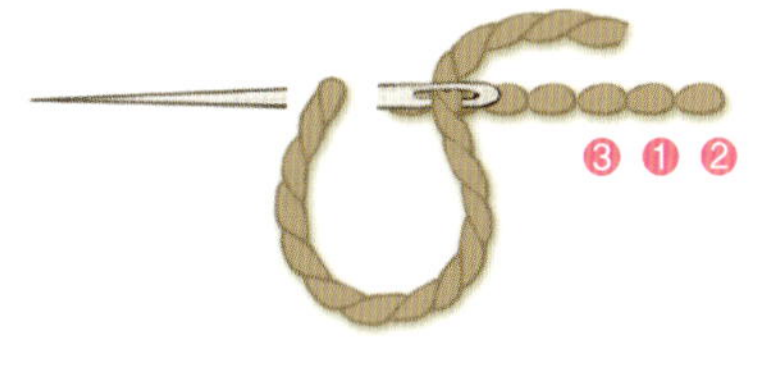

04 불리온 스티치 Point de poste

이 스티치는 프렌치 노트 스티치의 응용입니다(아래 도안 중 오른쪽 번호 참고).

1 ❶로 바늘을 넣어 ❷(약 5mm 떨어진 곳)에서 천 밖으로 바늘 끝만 뺀 채로 바늘에 실을 감아줍니다
(❶과 ❷ 사이가 채워질 만큼 실을 감아주세요). 너무 세게 감지 않아야 바늘을 빼기 쉽습니다.

2 엄지로 감긴 바늘을 살짝 누르고 바늘을 빼냅니다.

3 나선형으로 감긴 실을 ❶과 ❷ 사이의 천 위에 놓고, ❶로 바늘을 넣어 마무리합니다.

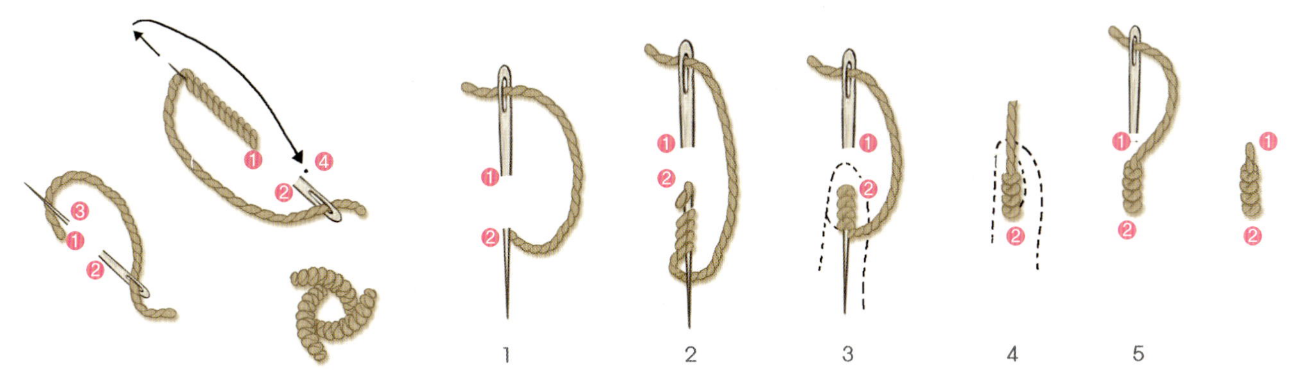

1   2   3   4   5

 불리온 로즈 스티치 Rose au point de poste

이 스티치는 5단계로 이루어져 있습니다.

1 ❶과 ❷ 사이에 불리온 스티치를 수놓아 보겠습니다. ❶로 바늘을 빼서 ❷로 바늘을 넣고, 다시 ❶로 바늘을 뺍니다. 이때 수가 놓여 있는 실을 찌르지 않도록 주의합니다. 바늘을 이 상태로 둡니다.

2 ❶에서 뺀 실로 바늘에 감는데, ❶~❷의 길이보다 조금 더 길게 감아줍니다.

3 나선형으로 감긴 실을 엄지손가락으로 누르고 바늘을 빼 냅니다.

4 손가락 사이에 실을 끼우고, ❷를 향해 불리온 스티치 한 다음 실을 살살 당겨줍니다. 실은 팽팽하게 당긴 채로, 손가락을 이용해 나선형으로 감긴 실을 ❶쪽으로 밀어주어 나선형으로 감긴 실을 제자리에 위치시킵니다.

5 불리온 스티치의 끝에서 두 번 스티치를 하거나 한번의 스티치는 조금 떨어진 곳에서 작은 스티치를 해줍니다. 이것은 라벤더의 마무리와 같은 방식입니다.

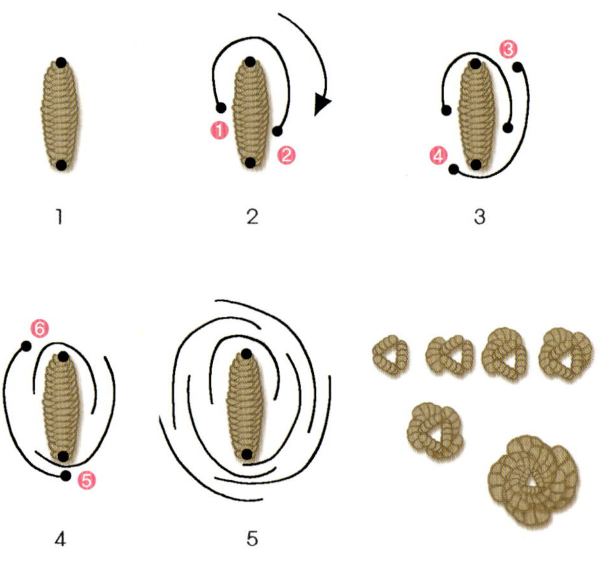

 블랭킷 링 스티치 Roue festonnée

원형 블랭킷 스티치입니다. 둥근 선을 따라 블랭킷 스티치를 수놓는데, 항상 가운데에 바늘을 넣어줍니다. 각 스티치는 촘촘하면서도 일정한 간격을 유지해야 합니다.

 블랭킷 스티치 Point de feston espacé

왼쪽에서 오른쪽으로 진행합니다. 이 스티치는 각 스티치의 간격을 일정하게 유지하며 수놓아야 합니다. 천의 가장자리에 수놓을 경우, 실을 바늘 아래에 두고 가장자리와 직각이 되는 ❷에 바늘을 넣습니다.

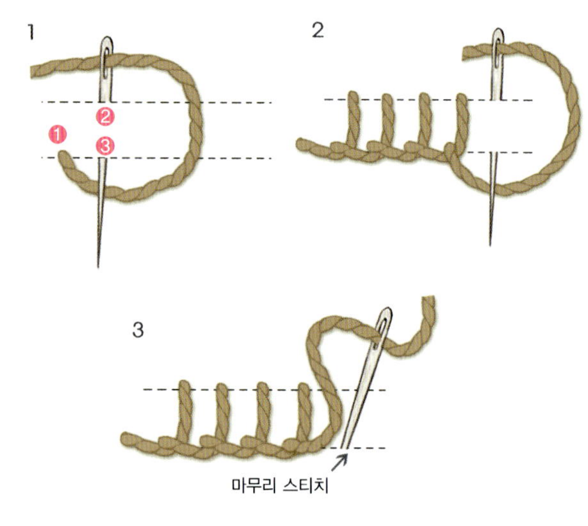

 스레디드 백스티치 Point arrière rebrodé

백스티치를 수놓습니다. 다른 색 실로 백스티치의 위에서 아래로, 아래에서 위로 번갈아가며 통과시킵니다.

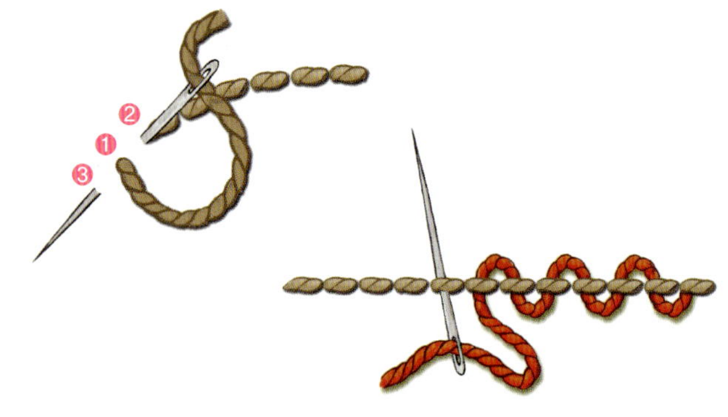

 스트레이트 스티치 Point lancé espacé

이 스티치는 도안에 있는 선을 한번에 덮을 때 사용합니다. ❶로 실을 빼고 ❷로 바늘을 넣은 후, ❸으로 다시 빼냅니다.

10 스파이더 웹 로즈 스티치 Point d'araignée tissé

1 스트레이트 스티치의 개수가 홀수가 되도록 하여, 별모양으로 수를 놓습니다.

2 별의 가운데로 바늘을 빼냅니다.

3 바늘로 천은 찌르지 않으면서 바늘을 한번은 실 위로, 한번은 실 아래로 교차하여 통과시키면서, 중심에서부터 별 전체를 채울 때까지 돌려줍니다.

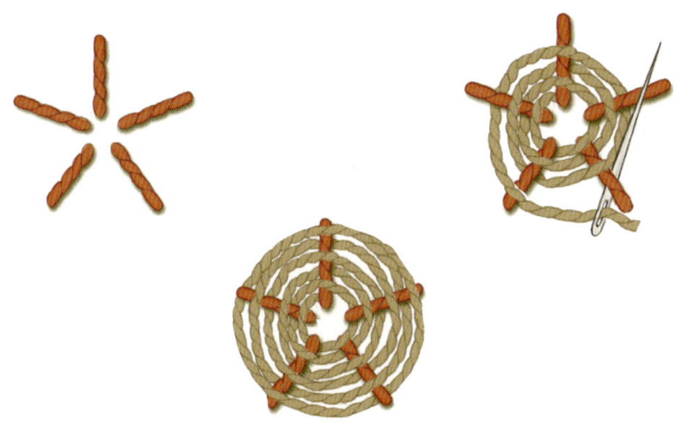

11 시드 스티치 Point de sable

이 스티치는 넓은 면을 메우는데 사용합니다. 백스티치와 같은 방식으로, 비스듬히 수놓거나 수평으로 수놓습니다.

1 ❶로 실을 빼고 ❷로 바늘을 넣은 후, 다시 ❸으로 빼서 ❹로 넣습니다.

2 이 과정을 반복합니다.

★ 백스티치를 촘촘하게 수놓을 수도 있고, 여러 방향으로 수놓을 수도 있습니다.

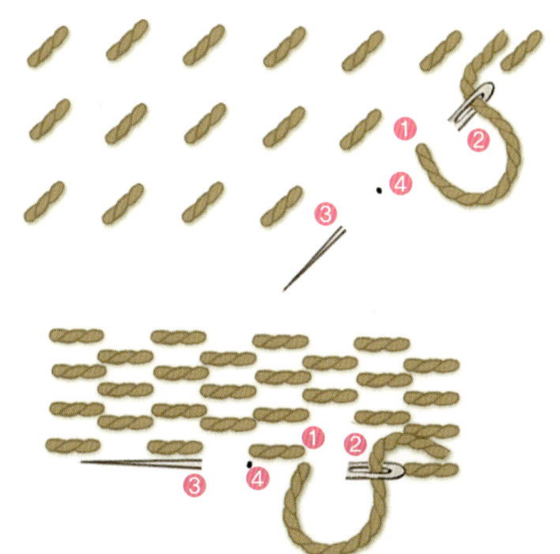

12 시프 스티치 Point de gerbe

1 왼쪽에서 오른쪽으로 진행합니다. 스트레이트 스티치를 세 개 수놓습니다. 즉 ❶로 실을 빼서 ❷로 바늘 넣고, ❸으로 빼서 ❹로 넣고, ❺로 빼서 ❻으로 넣습니다.

2 가운데 실 아래 있는 ❼로 바늘을 빼서 그림과 같이 세 줄의 스트레이트 스티치를 통과시킵니다.

3 방금 바늘이 나온 ❼과 수평선상에 있는 ❽로 바늘을 넣습니다.

4 실을 당겨서 스티치의 중앙을 조여줍니다.

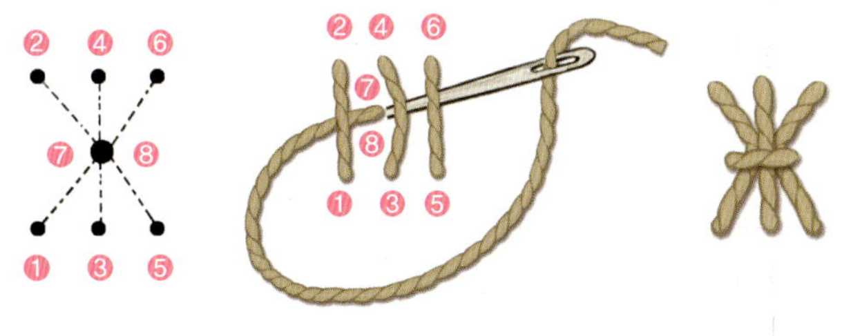

13 아우트라인 스티치 Point de tige

오른손잡이는 왼쪽에서 오른쪽으로, 왼손잡이는 오른쪽에서 왼쪽을 진행합니다. 항상 실을 엄지로 아래쪽에 잡아 두어야 합니다.

1 ❶로 실을 빼서 스티치의 길이를 결정하여 ❷로 바늘을 넣고, ❶~❷에 있는 실을 피해서 ❸(❶과 ❷의 가운데)으로 바늘 빼서 ❹로 넣습니다.

2 다시 ❺(❺=❷)로 바늘을 빼서 ❻으로 넣습니다. 이와 같이 반복합니다.

★ ❶~❷의 길이는 ❸~❹, ❺~❻, 그리고 뒤에 오는 스티치의 길이와 같아야 합니다. 아우트라인 스티치의 뒷면은 일정한 간격의 백스티치입니다.

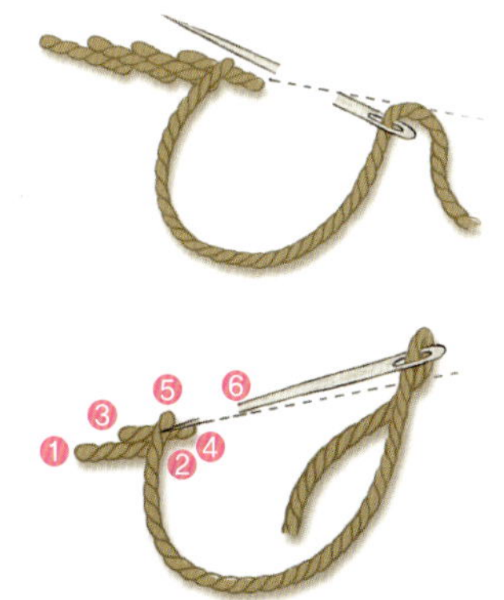

14 체인 스티치 Point de chaînette

1 ❶로 실을 빼서 ❶ 바로 옆으로 다시 넣은 후, 실을 바늘 아래에 두고 ❷로 바늘을 빼냅니다.
2 실을 살짝 당기면 고리가 만들어집니다.
3 ❷ 바로 옆에 다시 바늘을 넣어, 실을 바늘 아래에 두고 ❸으로 빼고 실을 당기면 두 번째 고리가 첫 번째 고리에 연결됩니다. 이 과정을 반복합니다.

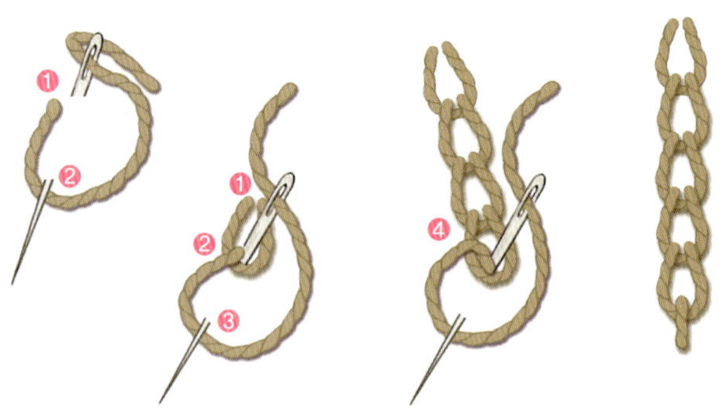

15 카우치트 트렐리스 스티치 Point de treillis sur couchure

1 우선 수놓아야 할 면적을 플랫 새틴 스티치로 메웁니다.
2 간격을 일정하게 유지하면서, 스트레이트 스티치를 수직으로 수놓습니다.
3 같은 방식으로 스트레이트 스티치를 수평으로 수놓으면 바둑판 모양이 됩니다.
4 각 교차점에서 바탕천까지 바늘을 넣어(플랫 새틴 스티치를 포함해서), 작은 카우칭 스티치를 수놓습니다.

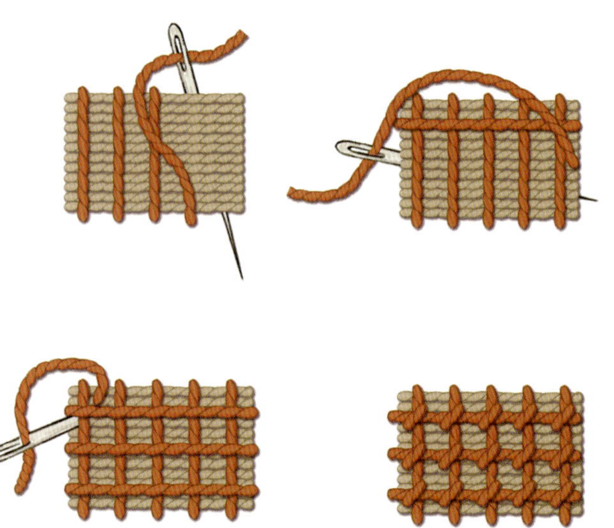

16 카우칭 스티치 Point de couchure

이 스티치는 굵기가 다른 두 개의 실을 사용합니다. 굵은 실을 가는 실로 고정시키는 스티치입니다.

1 오른쪽에서 왼쪽으로 진행합니다.
2 그림에 있는 번호대로 수놓습니다.
3 굵은 실을 팽팽하게 당겨 놓은 후, 가는 실로 버티칼 스티치를 작게 수놓아 굵은 실을 고정합니다. 버티칼 스티치의 간격이 일정하게 되도록 주의합니다.

★ 카우칭 스티치는 천을 통과할 수 없는 금속사(금사, 은사)를 고정할 때 많이 사용합니다.

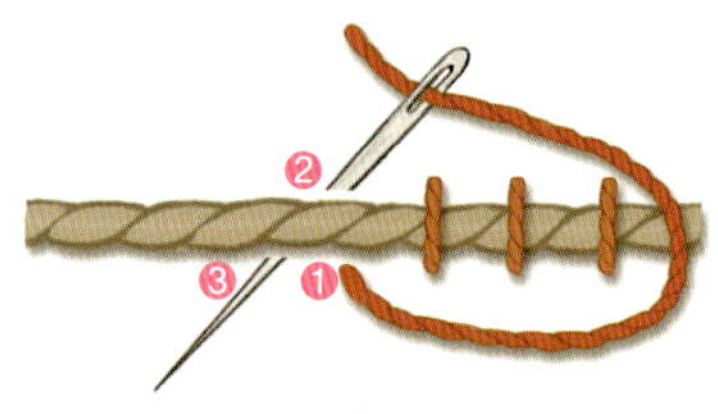

17 케이블 체인 스티치 Point de chaînette câblé

이 스티치는 체인 스티치와 같은 방식으로 수놓습니다. 다만, 각 고리를 만들기 전에 실을 바늘에 한번 감은 후 천에 바늘을 넣습니다. 이 스티치는 실제 체인과 같은 효과가 납니다.

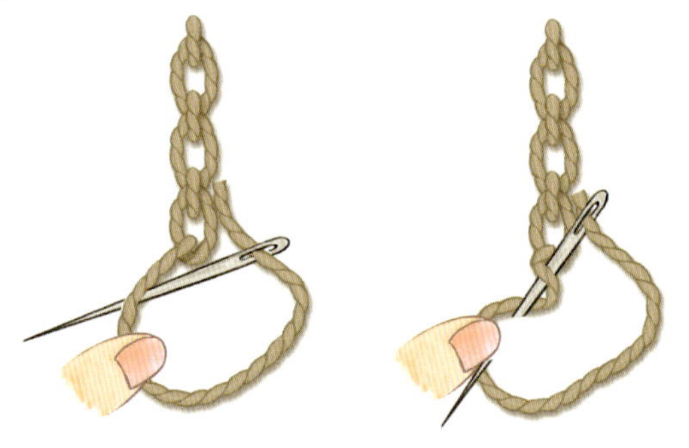

18 코럴 스티치 Point de corail

1 왼쪽에서 오른쪽으로 진행합니다.
2 ❶로 실을 빼서, ❷로 바늘을 넣고 수직선상에 있는 ❸으로 바늘을 뺄 때, 바늘 끝에 실을 한번 감아줍니다.
3 실을 살짝 잡아당겨 매듭을 만들어줍니다. 이와 같은 방식으로 선을 따라 수놓습니다.

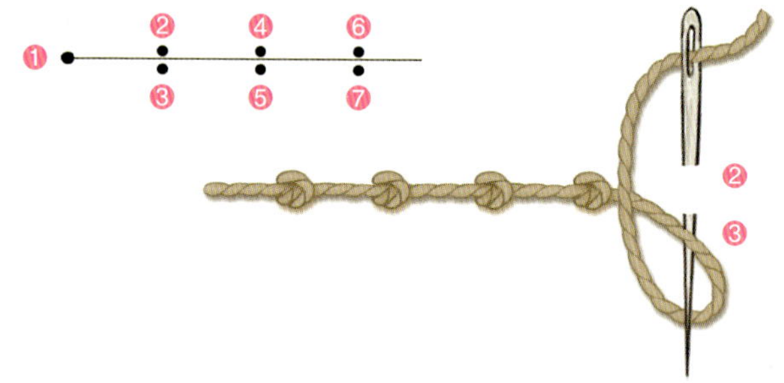

19 크로스 스티치 Point de croix

이 방법은 단독으로 사용하거나 그러데이션된 실로 수를 놓을 때 사용합니다. 첫 스티치를 끝내고 나서, 다음 스티치를 수놓습니다.

20 클로즈드 페더 스티치 Point de chaînette double

1 ❶로 바늘을 빼서 ❷로 넣고, 실을 바늘 아래 두고 ❸으로 바늘을 빼냅니다.

2 다시 ❶로 바늘을 넣어, 실을 바늘 아래 두고 ❹로 바늘을 빼냅니다.

3 고리 안의 ❸에 바늘을 넣어, 실을 바늘 아래 두고 ❺로 바늘을 빼냅니다.

4 오른쪽 왼쪽 번갈아 가면서 계속 같은 방식으로 수놓습니다.

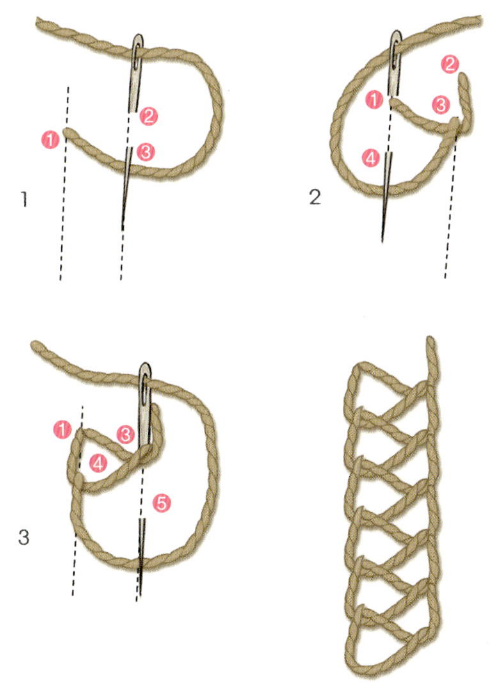

21 트위스트 체인 스티치 Point de chaînette torse

1 ❶로 바늘을 빼고 ❷로 넣습니다.

2 실로 고리를 만들어 바늘 아래 둔 채로, ❸으로 바늘을 빼냅니다.

3 ❹에 바늘을 넣고 좀 전과 같이 실 고리를 통과하여 ❺로 바늘을 빼냅니다.

4 계속하여 같은 방식으로 수놓습니다.

22 팔레스트리나 스티치 Point de Palestrina

이 스티치는 삼각형(❶, ❷, ❸으로 이루어짐)을 기초로 하여, 왼쪽에서 오른쪽으로 진행합니다.

1 ❶로 실을 빼서, 스트레이트 스티치로 ❷에 바늘을 넣고, 다시 ❸으로 바늘을 빼냅니다.

2 바늘을 오른쪽에서 왼쪽으로, ❶과 ❷ 사이에 있는 스트레이트 스티치 아래로 통과시킵니다.

3 실을 바늘 아래에 두고 다시 한번 위에서 아래 방향으로, 같은 스트레이트 스티치 아래로 바늘을 통과시켜 블랭킷 스티치를 합니다.

4 스티치와 스티치의 간격을 일정하게 유지하며, 위와 같은 과정을 반복하여 수놓습니다.

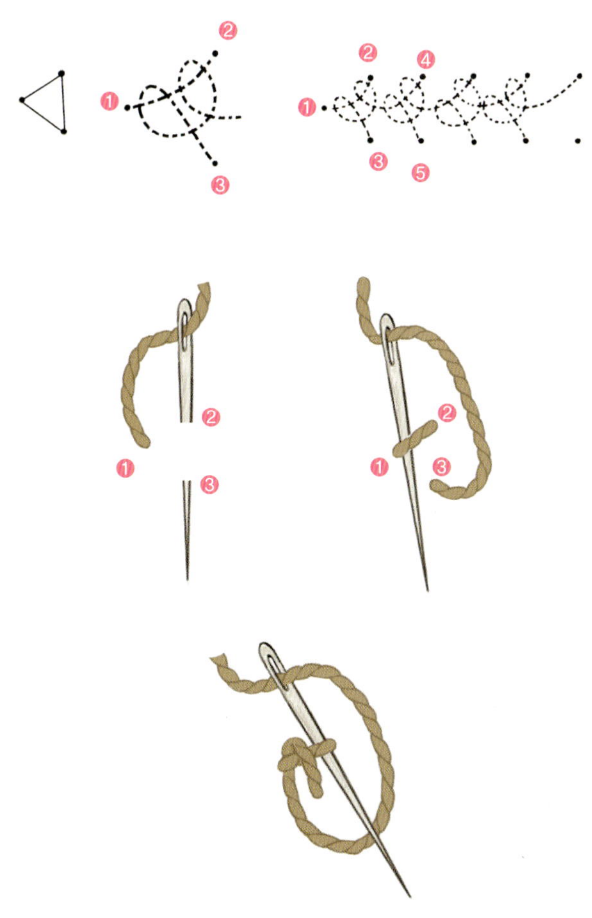

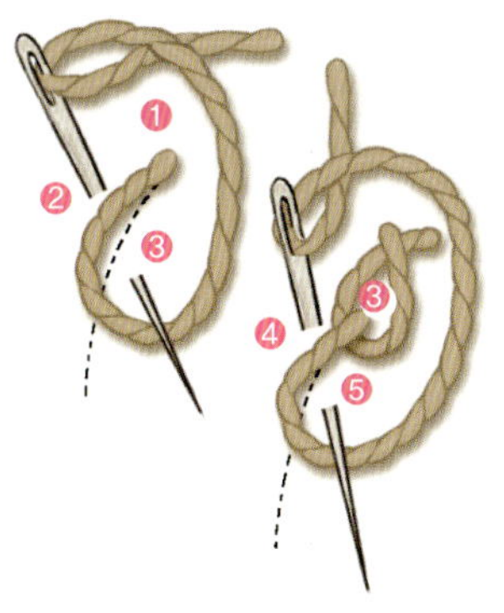

23 펀스티치 Point de fougère

1 **1**로 실을 빼서 **2**에 바늘을 넣고, **1**과 같은 구멍인 **3**으로 빼냅니다.

2 다시 **4**로 바늘을 넣고 **5**로 빼냅니다.

3 **1**과 같은 구멍인 **6**에 바늘을 넣어 마무리합니다. 이 과정을 반복합니다.

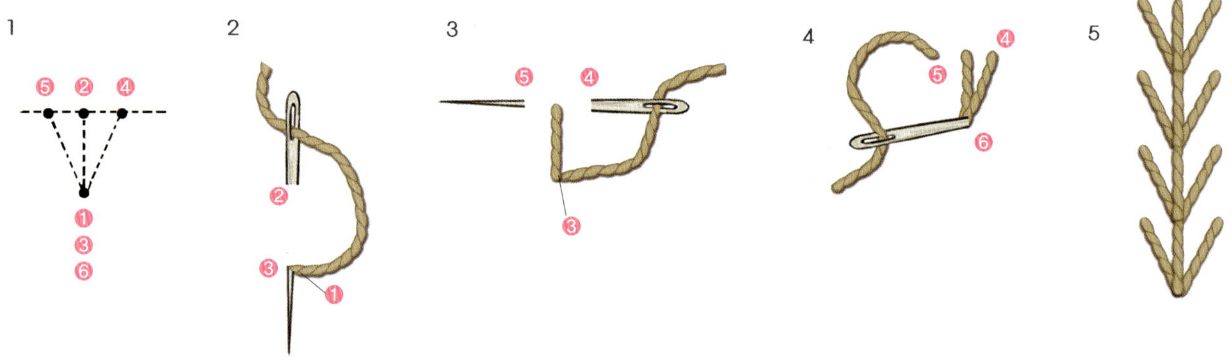

24 페더 스티치 Point d'épine

이 스티치는 위에서 아래로 진행되고, 왼쪽과 오른쪽을 번갈아가며 수놓습니다.

1 **1**로 실을 빼서 **3**의 아래쪽으로 실을 잡아두고 **2**로 바늘을 넣은 후, **3**으로 바늘을 빼냅니다.

2 실을 **5** 아래에 잡아두고 **4**로 바늘을 넣어 다시 **5**로 바늘을 빼냅니다.

3 계속하여 번호를 따라 수놓습니다.

26 플라이 스티치 Point de plume

페더 스티치의 응용입니다. 이 스티치는 작은 꽃이나 풀을 수놓는데 사용합니다.

1 **1**로 실을 빼서 **2**로 바늘 넣고, 바늘 아래에 실을 둔 채로 **3**으로 바늘 빼냅니다. 이때 실을 세게 당기지 않습니다.

2 수직으로 **4**에 바늘을 넣어 마무리합니다.

★ **3**과 **4**의 길이를 다르게 하여, 다른 모양의 스티치를 만들 수도 있습니다.

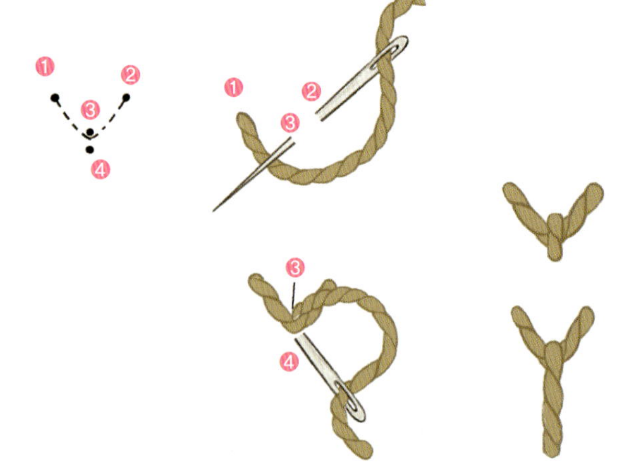

25 프렌치 노트 스티치 Point de nœud

1 **1**로 실을 빼냅니다.

2 왼손으로 실을 잡고 바늘에 한두 번(경우에 따라서는 세 번까지도 감을 수 있지만, 그 이상은 절대로 하지 않습니다) 감아줍니다.

3 바늘을 살짝 당겨서 **1** 옆에 있는 **2**에 바늘을 넣습니다.

★ 심플 프렌치 노트 스티치는 바늘에 실을 한 번 감는 것이고, 더블 프렌치 노트 스티치는 두 번 감는 것입니다.

27 플랫 새틴 스티치 Passé plat

이 스티치는 스트레이트 스티치를 촘촘하게 연속하여 주어
진 공간을 메우는 스티치입니다. ❶로 실을 뺀 후, ❷로 바
늘을 넣고, ❸으로 다시 뺍니다.

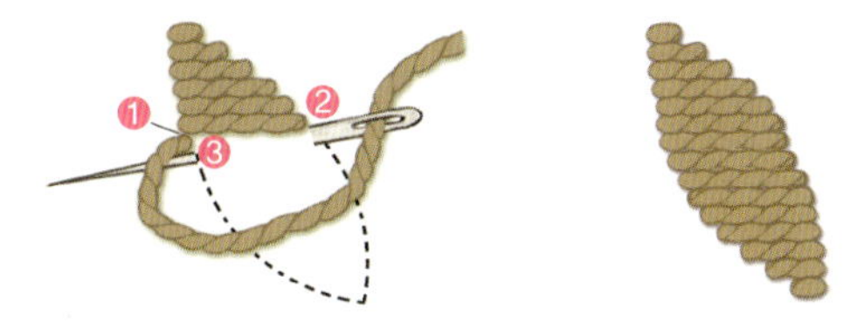

28 피시본 스티치 Point de feuille

이 스티치는 매우 우아한 스티치로, 실이 교차하면서 잎맥
이 살짝 드러나기 때문에 좌우 대칭의 큰 나뭇잎을 표현하
는데 사용합니다. 나뭇잎 끝에서 시작하여, 오른쪽 왼쪽 번
갈아가며 위에서 아래 방향으로 수놓습니다. 스티치의 방향
에 주의해야 합니다. 스티치는 수평이 아니라 항상 비스듬
히 놓여야 합니다.

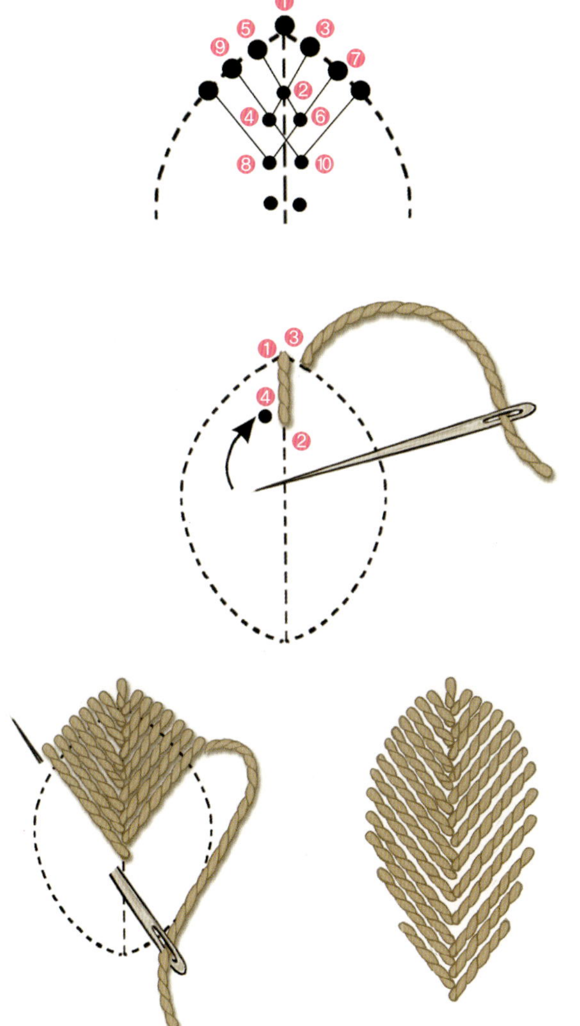

29 헤링본 스티치 Point de chausson espacé

1 왼쪽에서 오른쪽으로 진행합니다.

2 ❶로 실을 빼서 위쪽에 있는 ❷로 비스듬히 바늘을 넣어,
수평선상에 있는 ❸으로 바늘을 빼냅니다.

3 다시 아래에 있는 ❹로 비스듬히 바늘을 넣어, 수평선상
에 있는 ❺로 바늘을 빼냅니다.

4 다시 비스듬히 위쪽으로 바늘을 넣고 수평하게 바늘을 빼
는 과정을 반복합니다. 일정한 간격을 유지하며 수놓습니다.

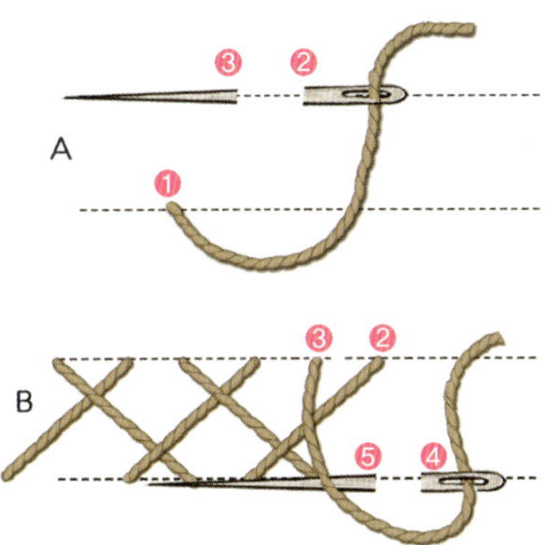

30 휘프트 백스티치 Point arrière surjeté

백스티치를 수놓습니다. 다른 색 실로 백스티치의 사이사이
를 통과시키는데, 항상 위에서 아래로 통과시킵니다. 절대
로 바늘로 천을 찌르지 않습니다.

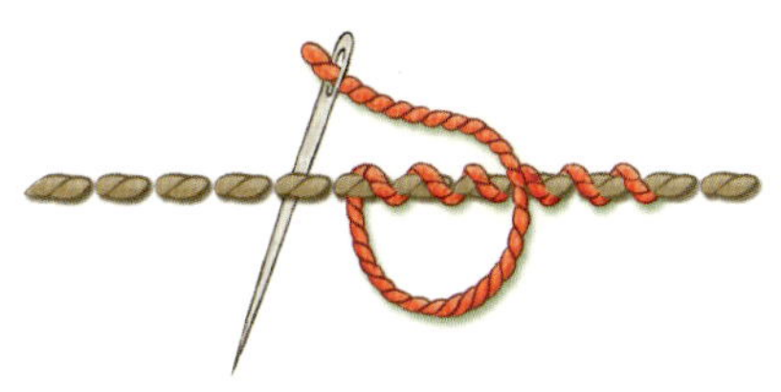

31 휘프트 체인 스티치
Point de chaînette rebrodé

체인 스티치를 한 줄 수놓은 후, 다른 색
실로 각 체인의 고리 아래로 통과시킵니
다. 이때 바늘로 천을 찌르지 않도록 주
의합니다.

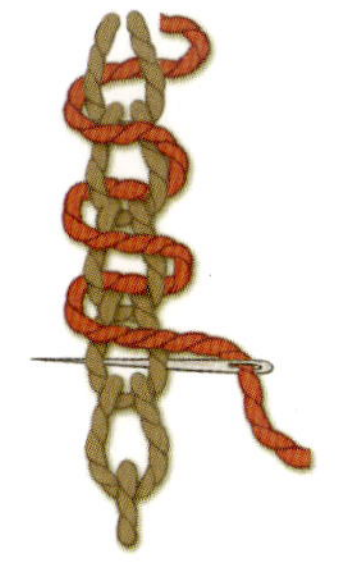

Pour elle 그녀를 위해

• 크기 : 30×39cm
• 실제 크기 도안 : 78쪽

❊ 준비물

- 자수용 혼방 리넨 40×40cm (천 F)
- 줄무늬 베이지색 천 32×51cm (천 A)
- 서로 어울리는 천 4종류 40×40cm 각 1장씩:
  하트 무늬 보라색 단색 천 (천 B)
  하트 무늬 보라색 줄무늬 천 (천 C)
  잔꽃무늬 베이지색 천 (천 D)
  잔꽃무늬 보라색 천 (천 E)
- 면 레이스 50cm
- 꽃모양 장식끈 50cm
- 자수실 : DMC 면사 No.3013(연두색), No.3041(연보라색), No.224(분홍색), No.3721(진분홍색), No.451(진보라색), No.315(진빨강색)
- 새틴 리본끈 150cm

note 자수 도안을 전사하는 방법은 9쪽을 참고합니다. 주어진 크기는 시접 분량이 포함되어 있지 않습니다. 특별한 언급이 없을 땐, 테두리에 전체적으로 시접 분량 1cm를 더합니다.

❊ 재단하기

천 A (줄무늬 베이지색 천) : 30×49cm의 직사각형 a 1장(뒤판)

천 B (하트 무늬 있는 보라색 단색 천) :
    21×30cm의 밴드 b 1장(앞판)

천 C (하트 무늬 있는 보라색 줄무늬 천) :
    6×30cm의 밴드 c 1장(앞판),
    5×6cm의 직사각형 d 1장(앞판)

천 D (잔꽃무늬 베이지색 천) :
    22×6cm의 밴드 e 1장(앞판),
    5×6cm의 직사각형 d 1장(앞판)

천 E (잔꽃무늬 보라색 천) :
    6×22cm의 밴드 e 1장(앞판),
    5×6cm의 직사각형 d 1장(앞판)

❊ 만들기

리넨 위에 자수를 놓을 모티브를 옮겨 그립니다. 모두 면사 2올을 사용합니다.

Dans l'entrée 현관에서

부드러운 실과 파스텔 톤의 포인트로 인테리어를 아름답게 꾸밀 수 있어요~

❋ 연결하기

1 가운데에 자수가 있는 리넨을 17×18cm의 직사각형 **f**로 자릅니다.

2 앞판은 오른쪽에 보이는 도식화처럼 다른 종류의 천을 연결합니다.

<u>note</u> **f/F**–**d/E**–**d/D**–**d/C**로 이루어진 직사각형과 밴드 **e/E** 사이에 면 레이스를 끼워 박아줍니다. 밴드 **e/E**와 **e/D** 사이에 꽃모양 장식끈을 공그르기로 고정합니다.

3 뒤판과 앞판을 서로 겉면이 마주보게 놓은 후, 위쪽을 제외한 세 면을 꿰매고 뒤집습니다.

4 위쪽 10cm를 안으로 접습니다.

5 접힌 곳에서 5cm 내려와서, 2cm짜리 터널(리본을 넣을 통로)을 만듭니다.

6 리본이 터널을 통과할 수 있게 옆선에서 두 땀 정도 뜹니다.

7 리본을 2개로 잘라서, 1개는 앞판의 터널에 통과시키고, 1개는 뒤판의 터널에 통과시킵니다.

8 리본의 양 끝을 묶어줍니다.
(사진 참고)

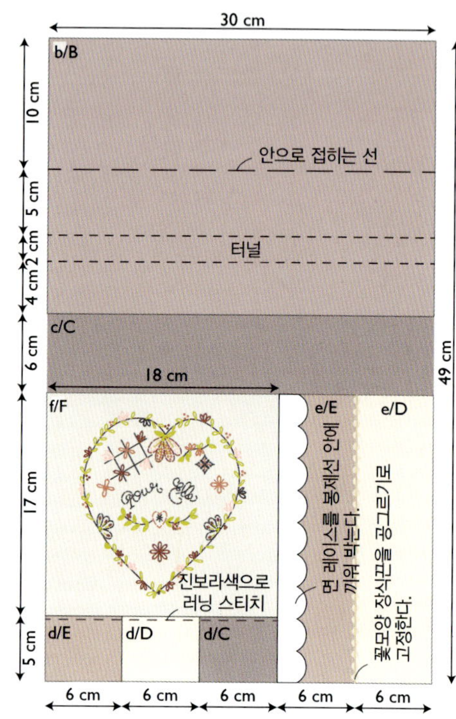

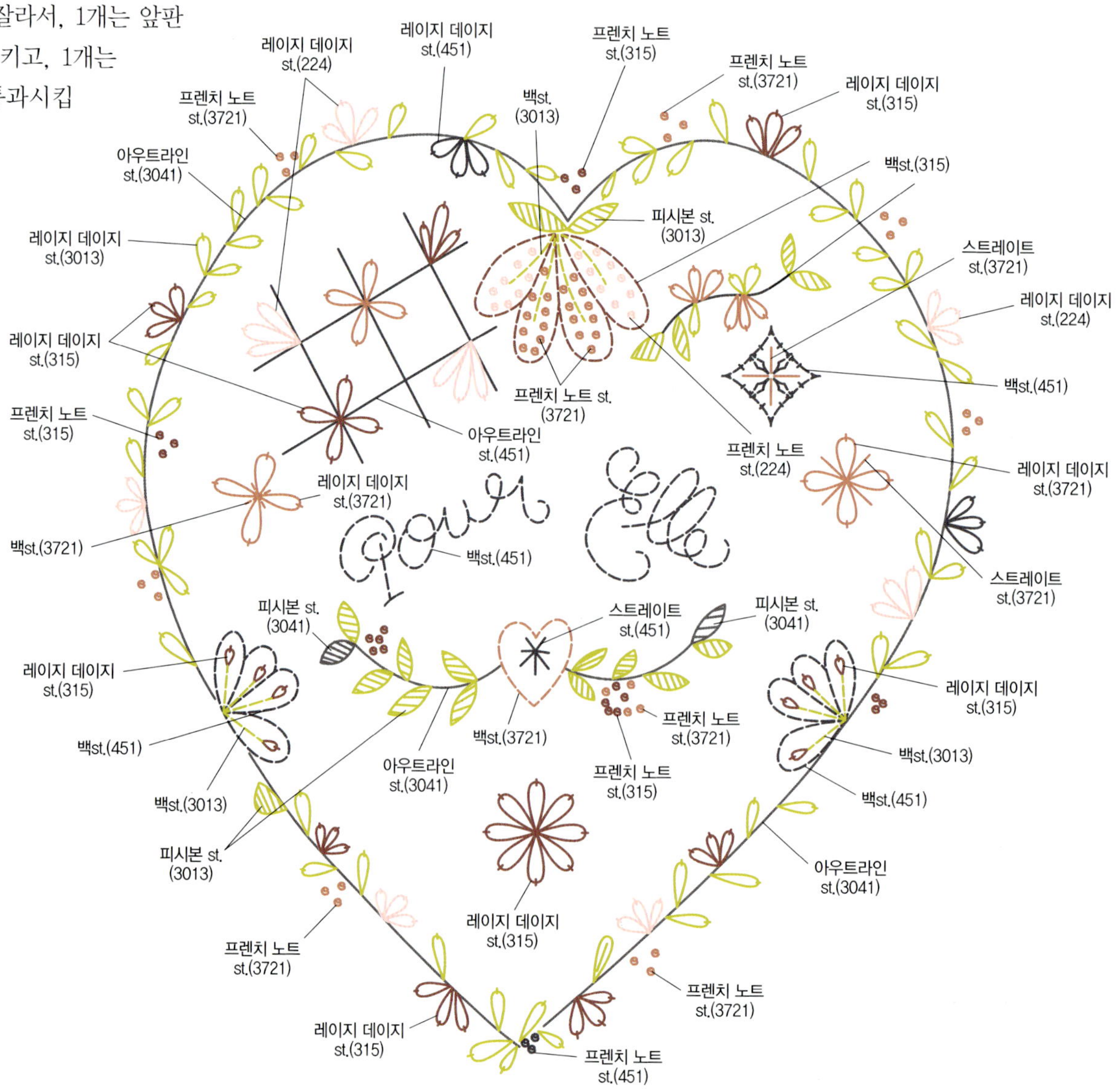

So Pretty
Pour Elle

So Pretty!

✺ 준비물

- 자수용 혼방 리넨 40×40 cm (천 A)
- 서로 어울리는 천 5종류 40×40 cm 각 1장씩 :
  하트 무늬 보라색 천 (천 B)
  도트 무늬 보라색 천 (천 C)
  잔꽃무늬 베이지색 천 (천 D)
  잔꽃무늬 보라색 천 (천 E)
  줄무늬 베이지색 천 (천 F)
- 연분홍색 토션레이스 : 26 cm

  ★ Torchon Lace : 바탕천 위에 무늬를 가공하는 것이 아니라,
  보빈에 감긴 실을 비틀거나 교차시키거나 얽어 만드는 레이스

- 자수실 : DMC 면사 No.3013(연두색),
  No.3041(연보라색), No.224(분홍색),
  No.3721(진분홍색),
  No.451(진보라색),
  No.315(진빨강색)
- 분홍색 새틴 리본
  75 cm

note 자수 도안을 전사하는 방법은 9쪽을 참고합니다. 주어진 크기는 시접 분량이 포함되어 있지 않습니다. 특별한 언급이 없을 때, 테두리에 전체적으로 시접 분량 1cm를 더 합니다.

✺ 재단하기

천 B(하트 무늬 보라색 천) : 24×39cm의 직사각형 a 1장(뒤판)

천 C(도트 무늬 보라색 천) : 10×24cm의 밴드 b 1장(앞판)

천 D(잔꽃무늬 베이지색 천) : 6×24cm의 밴드 c 1장(앞판)

천 E(잔꽃무늬 보라색 천) : 5×24cm의 밴드 d 1장(앞판)

천 F(줄무늬 베이지색 천) :
    18×24cm의 밴드 e 2장(앞판과 뒤판의 안쪽)

✺ 만들기

천 A(자수용 혼방 리넨) 위에 자수를 놓을 모티브를 옮겨 그립니다. 모두 면사 2올을 사용합니다.

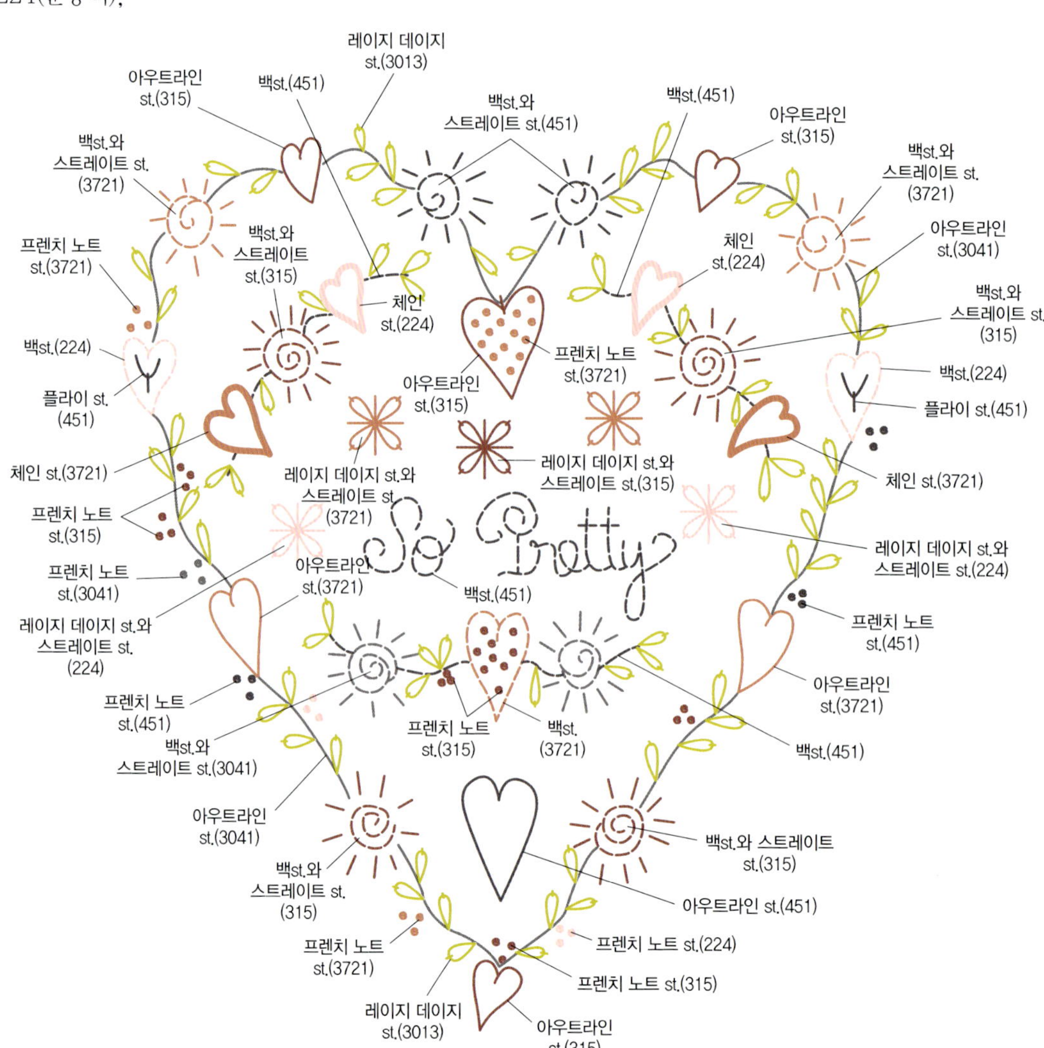

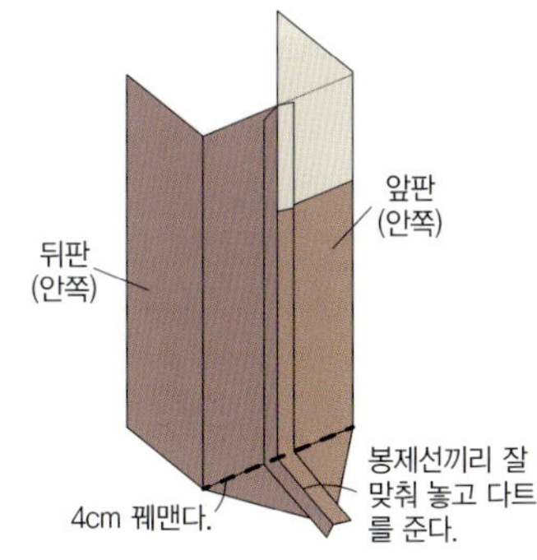

✳ 연결하기

1 가운데 자수가 있는 천A(자수용 혼방 리넨)를 18×24cm의 직사각형 f로 자릅니다.

2 앞판은 77쪽의 도식화에서 보이는 것처럼 여러 종류의 천을 연결합니다.

note 밴드 c/D와 직사각형 f/A의 봉제선에 토션 레이스를 공그르기로 고정합니다.

3 뒤판은 밴드 e/F를 직사각형 a/B에 꿰맵니다.

4 뒤판과 앞판을 서로 겉면이 마주보게 놓은 후, 위쪽을 제외한 세 면을 꿰맵니다.

5 바닥을 만들기 위해선 양 옆선 아랫부분에 다트를 줘서 4cm를 꿰매고 뒤집습니다.

6 위쪽 18cm를 안으로 접습니다. (또는 밴드 e/F 전체 길이만큼 안으로 접어주세요)

7 접힌 곳에서 4.5cm 내려와서, 2cm짜리 터널(리본을 넣을 통로)을 만듭니다.

8 리본이 터널을 통과할 수 있게 옆선에서 두 땀 정도 뜹습니다.

9 리본을 앞판과 뒤판의 터널에 통과시킵니다. 리본의 끝을 묶어줍니다. (25쪽 사진 참고)

note 이 작품으로 쿠션을 만들 수도 있어요!

So Chic

- 크기:16×17cm
- 실제 크기 도안:78쪽

❋ 준비물

- 자수용 혼방 리넨 20×20cm(천A)
- 줄무늬 베이지색 천 20×20cm(천B)
- 자수실:DMC 면사 No.3013(연두색), No.3041(연보라색),
  No.224(분홍색), No.3721(진분홍색), No.451(진보라색),
  No.839(밤색), No.315(진빨강색)
- 아이보리색 레이스 50cm(또는 코바늘
  1.25mm와 코바늘에 적당한 굵기의 아이
  보리색 면사)
- 솜

note 자수 도안을 전사하는 방법은 9쪽
을 참고합니다. 주어진 크기는 시접 분량
이 포함되어 있지 않습니다. 특별한 언
급이 없을 땐, 테두리에 전체적으로 시
접 분량 1cm를 더합니다.

❋ 만들기

1 천A와 천B를 이용해 하트
모양a을 자릅니다.

2 a/A 조각에 자수를 놓을 모
티브를 옮겨 그립니다.

3 모두 면사 2올을 사용합니다.

❋ 연결하기

1 a/A와 a/B를 서로 겉면이 마주보게
놓은 후, 창구멍을 남기고 테두리를 꿰맵니다.

2 뒤집어서 솜을 넣고, 창구멍을 공그르기로 꿰매
어 막아줍니다.

3 아이보리색 레이스 끈을 테두리에 돌려 꿰맵니다. 또는 코
바늘을 이용해 가장자리를 떠 줍니다. (78쪽 도안 참고)

note 이 작품은 쿠션으로 사용해도 되고, 문에 매달아 두어도 좋아요!

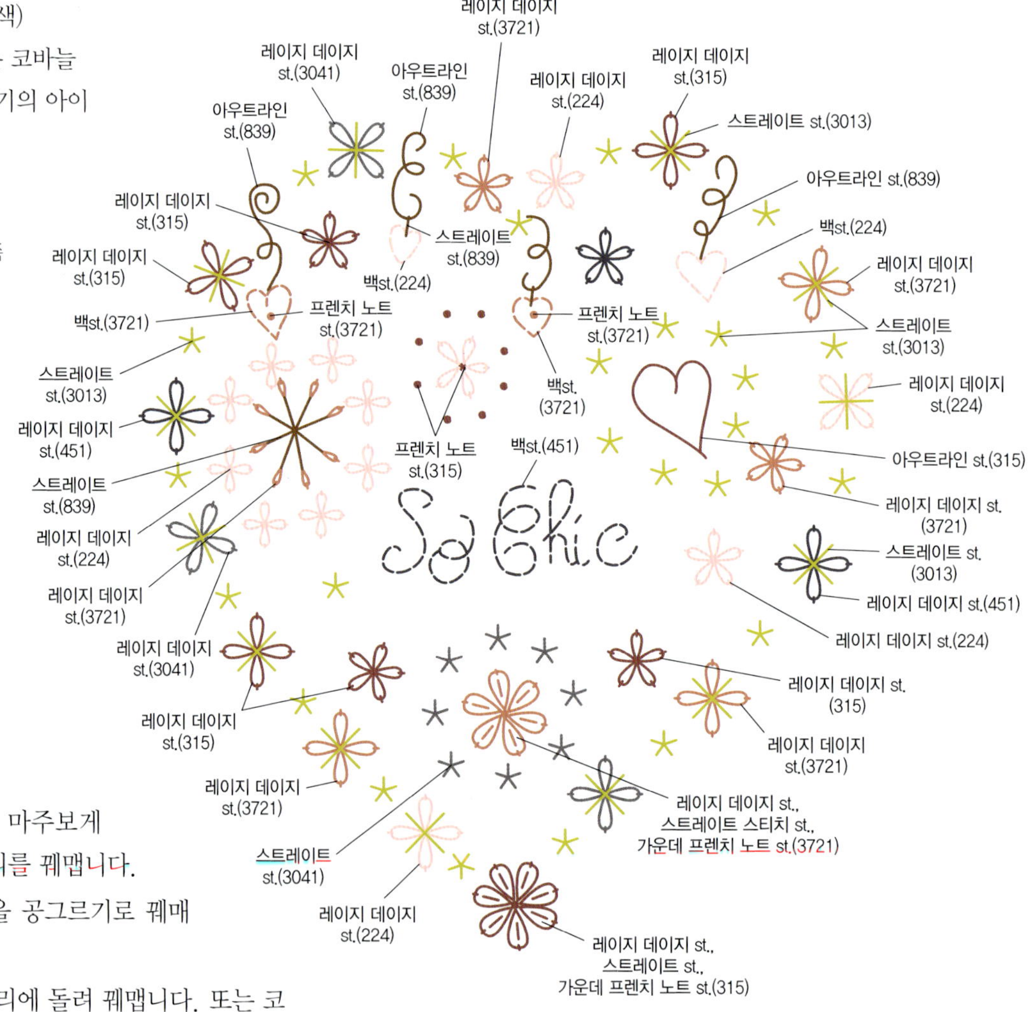

So Chic

Ma maison de famille 우리 가족의 집

- 크기 : 집1=18×29cm, 집2=14×26cm, 집3=20×29cm
- 실제 크기 도안 : 79∼81쪽

❀ 준비물

- 자수용 혼방 리넨 30×60cm (천A)
- 베이지색 깅엄 체크무늬 천 30×60cm (천B)
- 초콜릿색 펠트지 2장 (천C)
- 도트 무늬 밤색 천 조금 (천D)
- 대리석 색 펠트지 조금 (천E)
- 핀스트라이프 천 조금 (천F)
- 잔 줄무늬 천 조금 (천G)
- 자수실 : DMC 면사 No.3013(연두색), No.3346(녹색), No.524(연녹회색), No.413(진회색), No.3041(연보라색), No.352(연장미색), No.224(분홍색), No.3721(진분홍색), No.451(진보라색), No.838(밤색), No.743(노란색)
- 패딩솜 34×60cm
- 접착심지 조금
- 리넨 패브릭테이프 100cm
- 새 모양 단추 1개

note 자수와 아플리케 도안을 전사하는 방법은 9쪽을 참고합니다. 주어진 크기는 시접 분량이 포함되어 있지 않습니다. 특별한 언급이 없을 땐, 테두리에 전체적으로 시접 분량 1cm를 더합니다. 아플리케 조각은 자르기 전에 미리 접착심지를 붙여놓아야 합니다.

❀ 재단하기

천A(자수용 혼방 리넨) : 집 3개의 크기에 맞게 각 1장씩

천B(베이지색 깅엄 체크무늬 천) :
집 3개의 크기에 맞게 각 1장씩(집의 뒤판),
3번 집의 문 크기에 맞게 1장(시접 없이 잘라서 아플리케 할 것임)

천C(초콜릿색 펠트지) : 각 집의 지붕 크기에 맞게 각 1장씩 (시접 없이 잘라서 아플리케 할 것임)

천D(도트 무늬 밤색 천) : 1번 집의 문 크기에 맞게 1장(시접 없이 잘라서 아플리케 할 것임)

천E(대리석색 펠트지) : 2번 집의 하트 크기에 맞게 1장(시접 없이 잘라서 아플리케 할 것임)

천F(핀스트라이프 천) : 3번 집의 커튼 크기에 맞게 2장(시접 없이 잘라서 아플리케 할 것임)

천G(가는 줄무늬 천) : 2번 집의 커튼 크기에 맞게 2장(시접 없이 잘라서 아플리케 할 것임)

패딩솜 : 집 3개의 크기에 맞게 각 1장씩(주어진 크기보다 약간 작게, 시접 없이 자름)

❀ 만들기

1 리넨으로 된 집 위에 자수를 놓을 모티브를 옮겨 그립니다.
2 접착심지를 이용하여 문과 하트, 커튼을 리넨에 붙이고, 테두리에 블랭킷 스티치를 합니다(하트 제외).
3 모두 면사 2올을 사용하여 도안을 보면서 수놓습니다.

우리 가족의 집 Ma maison de famille

집 1

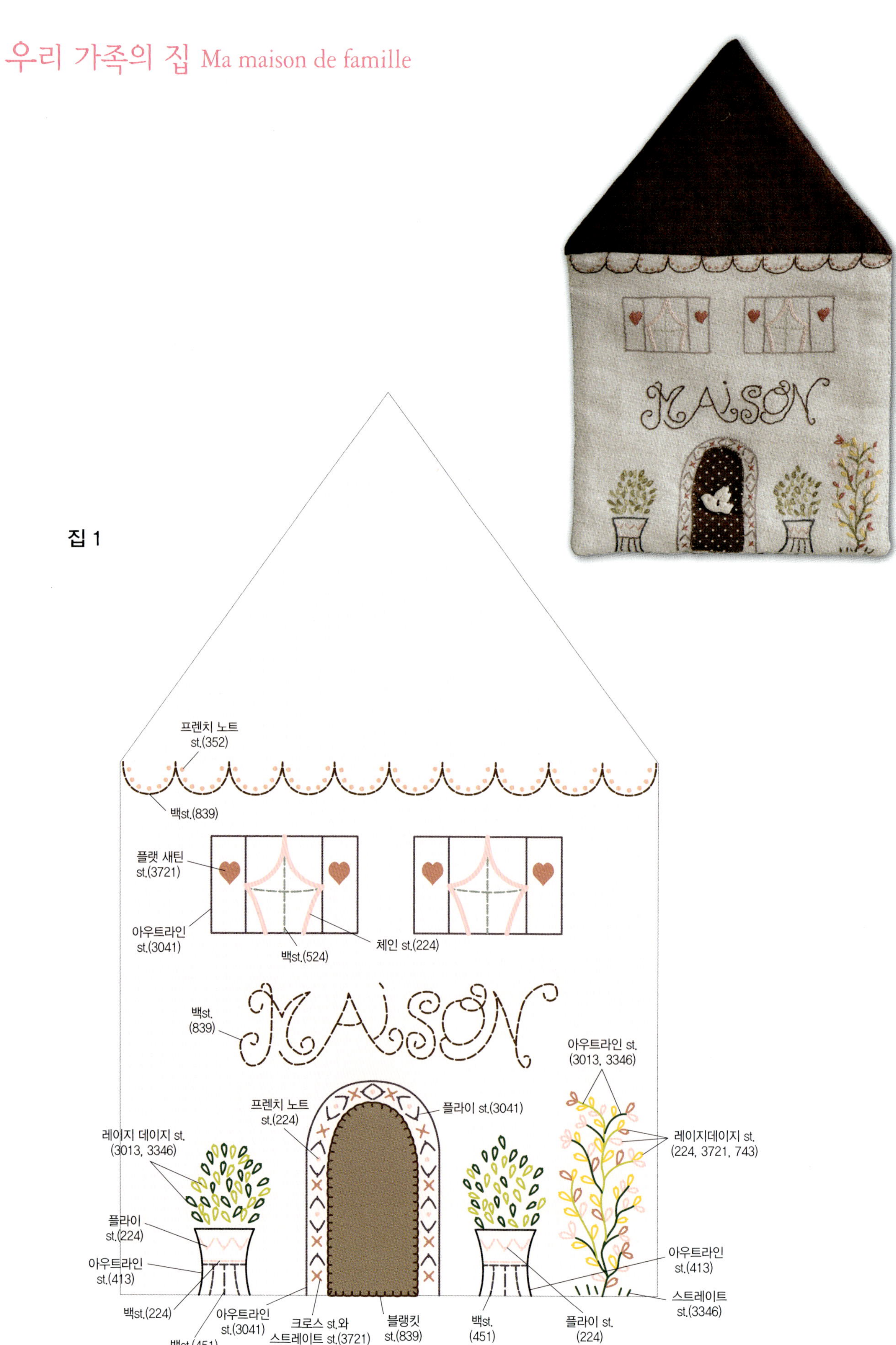

집 2
레이지 데이지 st.(3721)
레이지 데이지 st.(524)
러닝 st.(524)
블랭킷 st.(839)
체인 st.(413)
스트레이트 st. (224, 743, 3721)
백st.(413)
아우트라인 st.(352)
펀st.(3721)
레이지 데이지 st. (3013, 3346)
아우트라인 st.(451)
백st.(839)
스트레이트 st. (224, 743, 3721, 3041)
플랫 새틴 st.(413)
레이지 데이지 st. (3013, 3346)
아우트라인 st.(3721)
아우트라인 st.(524)
아우트라인 st.(451)
펀st.(3721)
아우트라인 st.(413)
아우트라인 st.(3721)
아우트라인 st.(524)
아우트라인 st.(352)

우리 가족의 집 Ma maison de famille

❋ 연결하기

1 펠트지로 된 지붕을 아플리케합니다.

2 집1의 문에 단추를 답니다. 집을 만들기 위해, 수놓은 앞판과 뒤판의 겉면끼리 마주보게 놓은 후 패딩솜 위에 겹쳐 놓습니다.

3 창구멍을 남기고 꿰매줍니다.

4 필요시 모퉁이에 가윗밥을 주고 뒤집은 후, 공그르기로 창구멍을 막아줍니다.

5 집 3개를 모두 같은 방법으로 작업한 후 집의 뒤판에 리넨 패브릭테이프를 꿰매어 집 3개를 연결합니다.

집 3

Dans ma cuisine

주방에서

C'est jour de marché 시장가는 날

• 크기 : 33×47cm(테두리와 걸고리 제외)
• 실제 크기 도안 : 82, 83쪽

❀ 준비물

- 서로 어울리는 천 5종류 : 30×30cm 각 1장씩
  베이지 단색 천 (천A)
  큰 체크무늬 베이지색 천 (천B)
  무늬 있는 베이지색 천 (천C)
  잔 체크무늬 베이지색 천 (천D)
  줄무늬 베이지색 천 (천E)
- 도트 무늬 베이지색 천 35×50cm (천F)
- 도트 무늬 진빨강색 천 조금 (천G)
- 크림색 천 조금 (천H)
- 무늬 있는 진빨강색 천 6×40cm (천I)
- 잔꽃무늬 진빨강색 천 5×25cm (천J)
- 무늬 있는 빨간색 천 6×25cm (천K)
- 진빨강색 펠트지 조금 (천L)
- 자수실 : DMC 면사 No.815(진빨강색), No.524(연녹회색),
  흰색
- 양면 접착심지 조금
- 패딩솜 35×50cm
- "Une poule qui picore(모이를 쪼는 암탉)"이 새겨진 빨간
  색 패브릭테이프 30cm
- 빨간 꽃무늬 있는 흰색 패브릭테이프 20cm
- 리넨 테이프 50cm
- 도트 무늬 빨간색 리본끈 50cm
- 빨간색 패브릭테이프 23cm-새 무늬가 있는 흰색 패브릭
  테이프 23cm
- 빨간색 웨이브 블레이드 23cm
  ★일명 골뱅이 블레이드라 불리는 꼬불꼬불한 장식끈
- 무늬 있는 패브릭테이프(너비 2cm) 45cm
- "Jour de marché(시장가는 날)"이 적힌 라벨 1개
  ★취향에 따라 너비에 맞는 다른 테이프를 사용하세요!
- 단추 1개 : 지름 1.2cm
- 코바늘 2mm와 코바늘에 적당한 굵기의 빨간색 면사
- 연필 1개
- 미니 빨래집게 2개

note 자수와 아플리케 도안을 전사하는 방법은 9쪽을 참고합니다. 주어진 크기는 시접 분량이 포함되어 있지 않습니다. 시접 없이 자르는 아플리케를 제외하고는, 테두리에 전체적으로 시접 분량 1cm를 더합니다. 아플리케 조각은 자르기 전에 미리 접착심지를 붙여놓아야 합니다.

❀ 재단하기

천A(베이지 단색 천) : 13×21cm의 직사각형 k 1장(블록1)

천B(큰 체크무늬 베이지색 천) :
　　　23×23cm의 정사각형 l 1장(블록3)

천C(무늬 있는 베이지색 천) :
　　　13×23cm의 직사각형 m 1장(주머니)
　　　2×13cm의 직사각형 n 1장(블록2)

천D(잔 체크무늬 베이지색 천) :
　　　15×21.5cm의 직사각형 o 1장(블록4)

천E(줄무늬 베이지색 천) :
　　　18×21.5cm의 직사각형 p 1장(블록5)

천F(도트 무늬 베이지색 천) :
　　　33×47cm의 직사각형 q 1장(뒤판)

천G(도트 무늬 진빨강색 천 조금) :
　　　견본대로 b, c 각 1장씩(83쪽 참고)

천H(크림색 천 조금) : 견본대로 a, d 각 1장씩(83쪽 참고)

천I(무늬 있는 진빨강색 천) : 직사각형 r 2.5×33cm(블록6)

천J(잔꽃무늬 진빨강색 천) : 견본대로 f 1장(82쪽 참고)

천K(무늬 있는 빨간색 천) : 직사각형 s 4×25cm(주머니)

천L(진빨강색 펠트지 조금) : 견본대로 e~j 각 1장씩

Une poule qui picore...
Une poule qui picore...
mes Recettes
Tour De Marché
- Salade Verte
- Oeufs
- Tomates Persil
- Estragon
- Filet mignon
- Champignons

시장가는 날 C'est jour de marché

✿ 만들기

note 모든 실은 2올로 사용하여 수놓습니다.

블록 1

1 천 k에 접착심지를 이용하여 a~d를 붙입니다.

2 천과 비슷한 색실을 이용해 아플리케 테두리에 블랭킷 스티치를 하고, 아래에 있는 도안과 같이 수놓습니다.

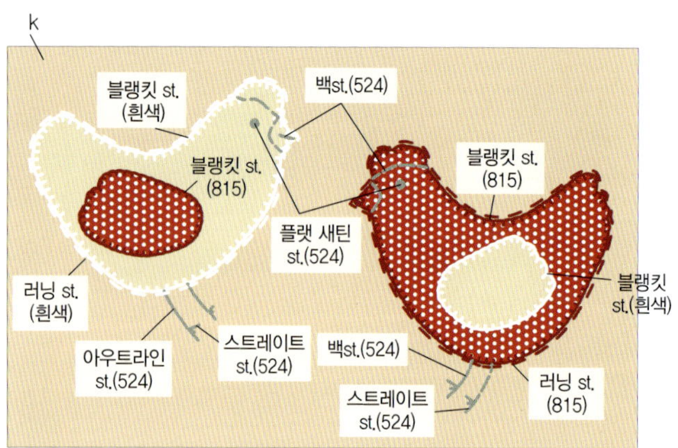

블록 3

천 l의 상단부에 1.5cm를 남겨놓고, 다음과 같이 수놓습니다.

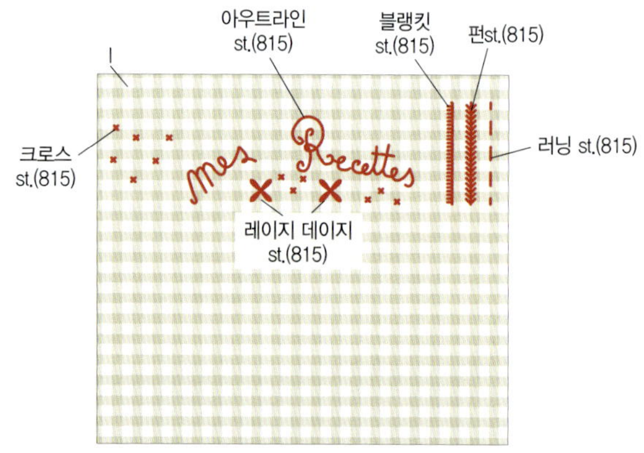

주머니

1 s의 아랫부분에서 시접 0.5cm를 안으로 접어서, 천 m의 윗부분에서 1.5cm 내려온 부분에 놓은 후, m과 s를 꿰맵니다.

2 s의 윗부분에 남는 천을 안쪽으로 접어 넣고, 흰색 실로 한꺼번에 러닝 스티치하여 고정합니다.

3 하트 모양 e를 도안을 보며 수놓습니다.

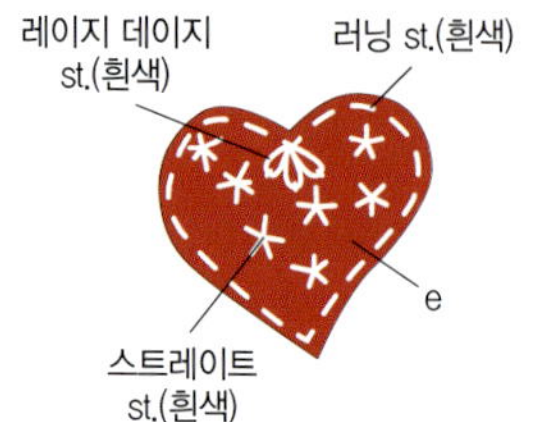

블록 4

1 천 o의 상단부에 접착심지를 이용해 f를 붙입니다.

2 빨간색 실을 이용해 f의 아랫부분에 블랭킷 스티치합니다.

3 "Jour de marché(시장가는 날)"이 적힌 라벨을 g에 붙이고, 천 o에 아래 도안을 참고하여 러닝 스티치로 고정합니다.

블록 6

도안을 보며 천 r에 러닝 스티치를 합니다. (82쪽 참고)

✿ 연결하기

1 블록들을 연결합니다. (82쪽 도안 참고)

note 블록 1-3, 블록 4-5를 블록 6에 연결하기 전에 여러 종류의 패브릭테이프와 웨이브 블레이드를 먼저 끼워 박습니다.

2 마지막으로 하트를 아플리케합니다. 하트 h와 i는 러닝 스티치로, j는 스트레이트 스티치로 아플리케 합니다.

3 단추를 답니다.

4 도트 무늬 빨간색 리본끈으로 리본 모양을 만들어 블록 1의 두 암탉 사이에 고정합니다.

5 앞판 전체, 직사각형 q, 패딩솜을 겹쳐놓고, 창구멍을 남기고 꿰맵니다.

6 뒤집은 후 창구멍을 공그르기로 막아줍니다.

7 테두리는 블랭킷 스티치로 전체를 돌리고, 그 다음은 82쪽에 있는 도안을 참고합니다.

8 무늬 있는 패브릭테이프를 3개로 자릅니다.

9 각각을 반으로 접은 후 뒤판의 윗부분에 각각 꿰맵니다. (사진 참고)

10 연필을 제 위치에 끼워줍니다.

11 빨간색 리본테이프에 미니 빨래집게를 꽂아줍니다.

À table! 식사시간!

• 크기 : 44×47cm(웨이브 블레이드 제외)
• 실제 크기 도안 : 84, 85쪽

❀ 준비물

- 자수용 혼방 리넨 30×30cm (천A)
- 큰 체크무늬 베이지색 천 30×50cm (천B)
- 잔 체크무늬 베이지색 천 20×20cm (천C)
- 큰 줄무늬 베이지색 천 20×20cm (천D)
- 잔 줄무늬 베이지색 천 8×40cm (천E)
- 아이보리색 천 50×50cm (천F)
- 자수실 : DMC 면사 No.498(진빨강색), No.524(연녹회색), 흰색, 아이보리색
- 꽃무늬 있는 흰색 패브릭테이프(너비 1cm) 15cm
- 흰색과 빨간색이 섞인 웨이브 블레이드 200cm

<u>note</u> 자수 도안을 전사하는 방법은 9쪽을 참고합니다. 주어진 크기는 시접 분량이 포함되어 있지 않습니다. 특별한 언급이 없을 땐, 테두리에 전체적으로 시접 분량 1cm를 더합니다.

❀ 재단하기

천 A(자수용 혼방 리넨) : 24×26.5cm의 직사각형 a 1장(블록1)

천 B(큰 체크무늬 베이지색 천) :
　　5×34cm의 직사각형 e 2장(테두리),
　　5×47cm의 직사각형 f 2장(테두리)

천 C(잔 체크무늬 베이지색 천) :
　　12.5×13cm의 직사각형 b 1장(블록2)

천 D(큰 줄무늬 베이지색 천) :
　　13×14cm의 직사각형 c 1장(블록3)

천 E(잔 줄무늬 베이지색 천) :
　　7.5×37cm의 직사각형 d 1장(블록4)

천 F(아이보리색 천) : 44×47cm의 직사각형 e 1장(뒤판)

❀ 만들기

42, 43쪽에 소개되어 있는 도안을 보면서 수놓습니다. 모든 실은 2올로 사용합니다(카우칭 스티치 제외).

❀ 연결하기

1 블록2와 블록3을 연결합니다. (84쪽 참고)

2 블록3의 윗부분에 패브릭테이프를 꿰맵니다.

3 왼쪽에 블록1을 연결하고, 아래쪽에 블록4를 연결합니다.

4 왼쪽과 오른쪽에 직사각형 e/B를 덧붙이고, 위와 아래에는 직사각형 f/B를 도식처럼 덧붙입니다.

5 도식의 네 모서리에 있는 수를 놓아 마무리합니다.

6 앞판과 뒤판 모두 사방 1cm를 접어 넣고 다림질합니다.

7 앞판과 뒤판을 안쪽 면이 마주보게 놓은 후 사이에 웨이브 블레이드를 끼워 넣고 공그르기로 꿰맵니다.

식사시간! À table!

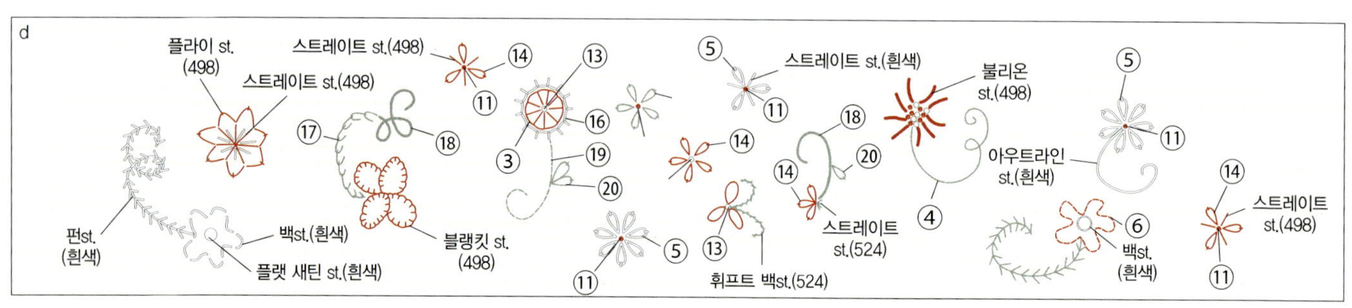

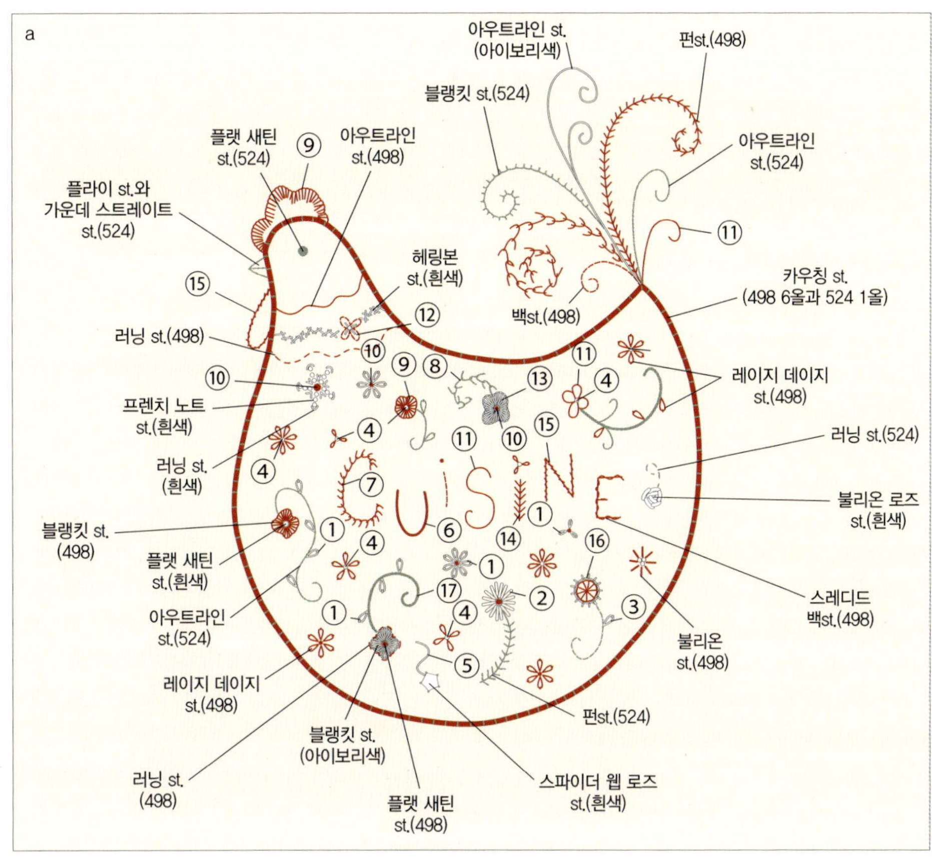

① 레이지 데이지 스티치(아이보리색)
② 불리온 스티치(아이보리색)
③ 레이지 데이지 스티치(환색)
④ 프렌치 노트 스티치(아이보리색)
⑤ 아우트라인 스티치(아이보리색)
⑥ 체인 스티치(498)
⑦ 페더 스티치(498)
⑧ 페더 스티치(524)
⑨ 블랭킷 스티치(498)
⑩ 플랫 새틴 스티치(498)
⑪ 아우트라인 스티치(498)
⑫ 테두리는 백스티치(498)
　　가운데는 프렌치 노트 스티치와
　　스트레이트 스티치(아이보리색)
⑬ 블랭킷 스티치(환색)
⑭ 펀스티치(498)
⑮ 휘프트 백스티치(498)
⑯ 블랭킷 스티치(환색)
⑰ 체인 스티치(524)

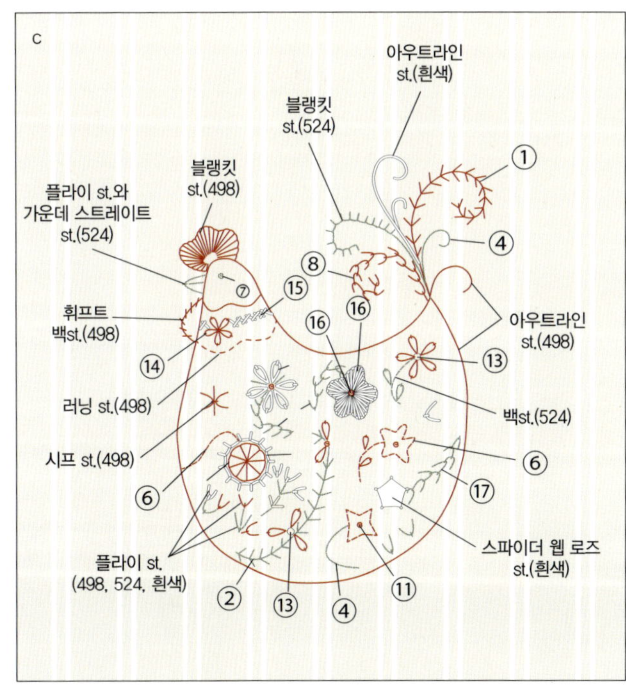

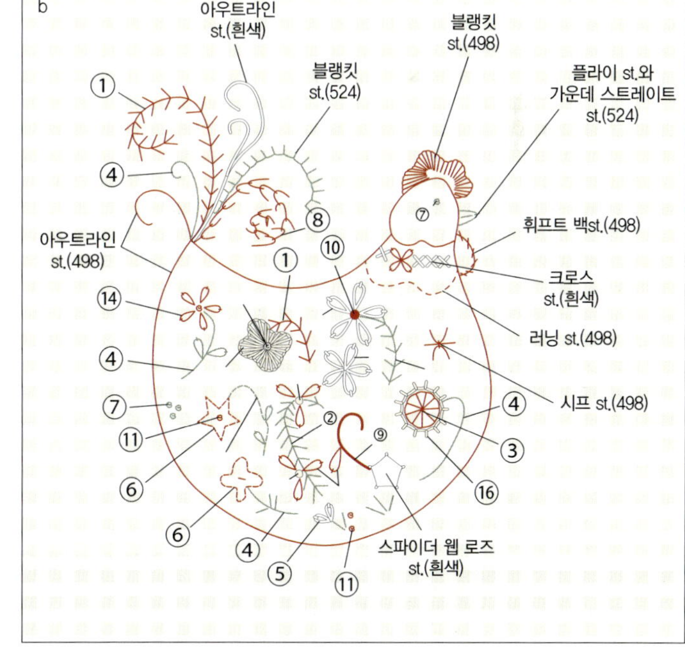

① 펀스티치(498)
② 펀스티치(524)
③ 블랭킷 링 스티치(498)
④ 아우트라인 스티치(524)
⑤ 레이지 데이지 스티치(환색)
⑥ 백스티치(498)
⑦ 프렌치 노트 스티치(524)
⑧ 페더 스티치(498)
⑨ 체인 스티치(498)
⑩ 플랫 새틴 스티치(498)
⑪ 프렌치 노트 스티치(498)
⑫ 블랭킷 스티치(아이보리색)
⑬ 프렌치 노트 스티치(아이보리색)
⑭ 레이지 데이지 스티치(498)
⑮ 헤링본 스티치(환색)
⑯ 블랭킷 스티치(환색)
⑰ 페더 스티치(524)
⑱ 체인 스티치(524)
⑲ 백스티치(524)
⑳ 레이지 데이지 스티치(524)

Esther et Simone 에스터와 시몬

두 암탉이 들꽃에 둘러싸여 꼬꼬댁 수다를 떱니다.

• 크기 : 15×25cm(걸고리끈 제외)
• 실제 크기 도안 : 86쪽

❋ 준비물

• 자수용 혼방 리넨 20×30cm (천A)
• 줄무늬 베이지색 천 20×30cm (천B)
• 연두색, 연분홍색, 분홍색, 노란색, 아이보리색, 흰색 펠트지 조금씩
• 자수실 : DMC 면사 No.727(노란색), No.963(분홍색), 흰색
• 리넨끈 25cm
• 솜
• 접착심지
• 꽃모양 단추 2개

note 자수와 아플리케 도안을 전사하는 방법은 9쪽을 참고합니다. 주어진 크기는 시접 분량이 포함되어 있지 않습니다. 시접 없이 자르는 아플리케를 제외하고는. 테두리에 전체적으로 시접 분량 1cm를 더합니다. 아플리케 조각은 자르기 전에 미리 접착심지를 붙여놓아야 합니다.

❋ 만들기

1 펠트지로 여러 모양의 꽃과 나뭇잎을 자릅니다.
2 접착심지를 이용하여 리넨 위에 아플리케를 붙여주고, 모든 실은 2올로 하여 도안과 같이 수놓습니다.

❋ 연결하기

1 천A의 가운데에 수를 놓은 후 15×25cm의 직사각형 a를 자릅니다.
2 천B로 15×25cm의 직사각형 a를 자릅니다. (뒤판)
3 앞판과 뒤판을 겉면이 마주보게 놓고, 창구멍을 남기고 꿰맵니다.
4 뒤집어서 안에 솜을 채워 넣고, 공그르기로 창구멍을 막습니다.
5 2개의 단추를 이용해 끈을 답니다. (사진 참고)

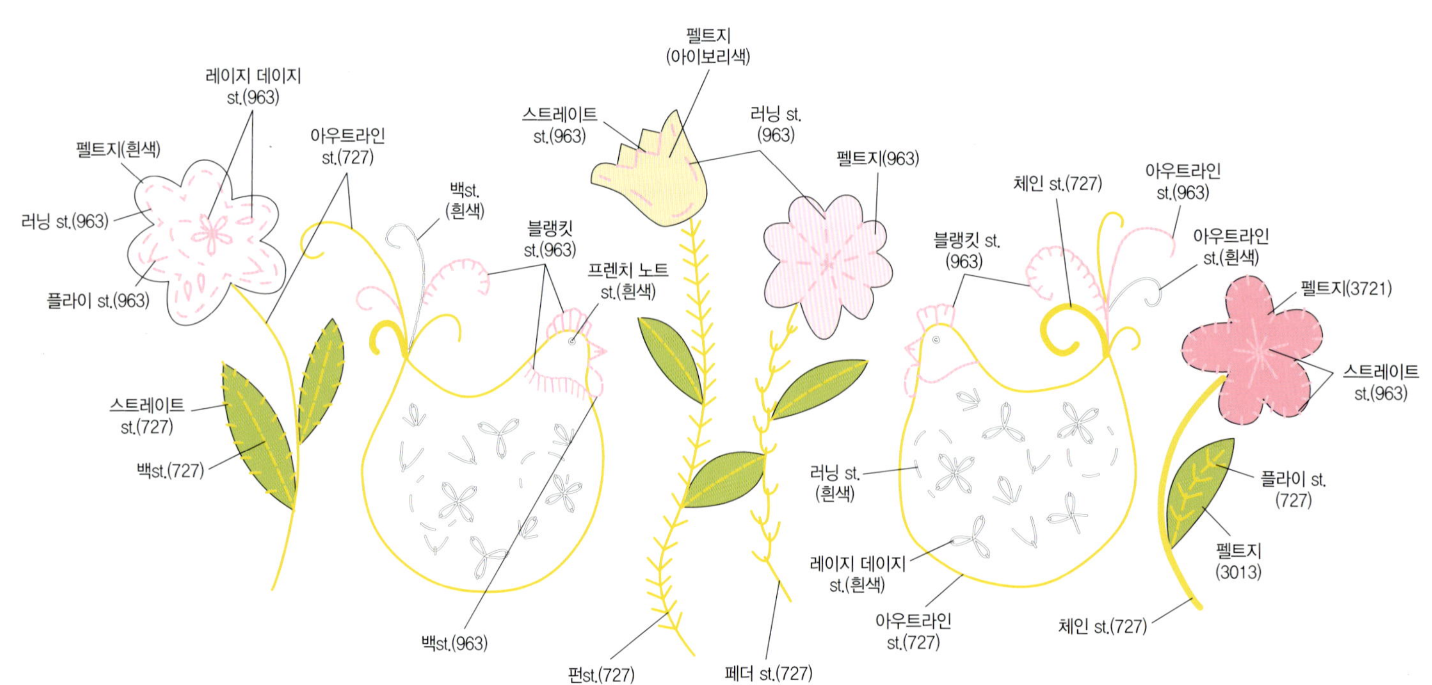

Douce lumière
부드러운 불빛

• 크기 : 8×21.5cm
• 실제 크기 도안 : 87쪽

작은 크기의 띠

✿ 준비물

- 자수용 리넨 10×20cm
- 산딸기색 펠트지 10×25cm
- 자수실 : DMC 면사 No.3687(분홍색), No.3689(연분홍색), No.3685(산딸기색), No.3740(보라색), No.600(자주색), No.922(오렌지색), No.471(녹색), No.472(연두색)
- 보라색 깅엄 체크무늬 리본테이프(너비 0.5cm) 50cm
- 하트와 꽃무늬가 새겨진 패브릭테이프(너비 1cm) 20cm

note 자수 도안을 전사하는 방법은 9쪽을 참고합니다. 주어진 크기는 시접 분량이 포함되어 있지 않습니다. 시접 없이 자르는 펠트지를 제외하고는, 테두리에 전체적으로 시접 분량 1cm를 더합니다.

✿ 만들기

1 모든 실은 2올로 하여, 도안과 같이 리넨 위에 수놓습니다.
2 수놓은 리넨은 6×15.5cm의 직사각형으로 자릅니다.
3 펠트지는 8×21.5cm의 직사각형으로 자릅니다.

✿ 연결하기

1 수놓은 리넨의 테두리를 사방 1cm 안으로 접어 넣어주고, 펠트지 가운데에 러닝 스티치로 고정합니다.
2 깅엄 체크무늬 리본테이프를 2개로 자릅니다.
3 하트와 꽃무늬가 새겨진 패브릭테이프를 2개로 자릅니다.
4 도안과 같이 리본테이프를 먼저 고정한 후 패브릭테이프를 옆선과 나란히 놓고 꿰매줍니다. (87쪽 참고)

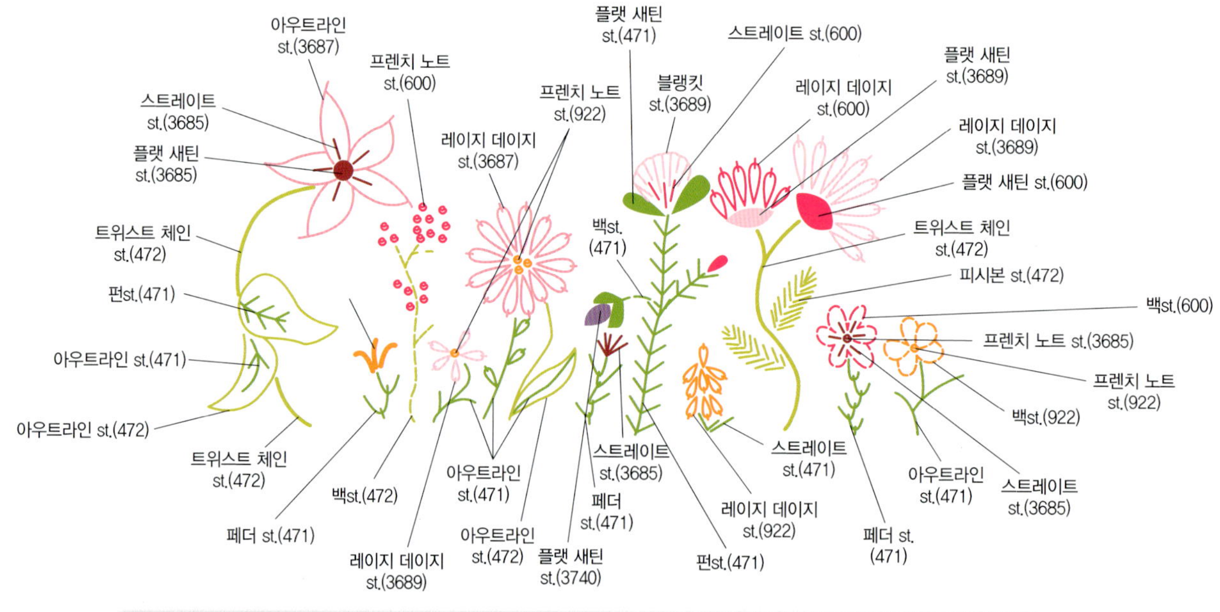

Au petit salon 거실에서
휴식을 취하는 건 어떨까요? 집의 중심이 되는 거실에서 휴식을 즐기세요.

부드러운 불빛 *Douce lumière*

중간 크기의 띠

• 크기 : 8.5×23.5cm
• 실제 크기 도안 : 87쪽

✿ 준비물

• 자수용 리넨 10×20cm
• 산딸기색 펠트지 10×25cm
• 자수실 : DMC 면사 No.3687(분홍색), No.3689(연분홍색), No.3685(산딸기색), No.600(자주색), No.922(오렌지색), No.471(녹색), No.472(연두색), No.642(베이지색), No.779(밤색)
• 보라색 깅엄 체크무늬 리본테이프(너비 0.5cm) 50cm
• 하트와 꽃무늬가 새겨진 패브릭테이프(너비 1cm) 20cm

note 자수 도안을 전사하는 방법은 9쪽을 참고합니다. 주어진 크기는 시접 분량이 포함되어 있지 않습니다. 시접 없이 자르는 펠트지를 제외하고는, 테두리에 전체적으로 시접 분량 1cm를 더합니다.

✿ 만들기

1 모든 실은 2올로 하여, 도안과 같이 리넨 위에 수놓습니다.
2 수놓은 리넨은 6×15.5cm의 직사각형으로 자릅니다.
3 펠트지는 8×23.5cm의 직사각형으로 자릅니다.

✿ 연결하기

작은 크기의 띠를 참고합니다. (87쪽 참고)

큰 크기의 띠

• 크기 : 9.5×31 cm
• 실제 크기 도안 : 87쪽

✿ 준비물

- 자수용 리넨 15×30 cm
- 산딸기색 펠트지 15×35 cm
- 자수실 : DMC 면사 No.3687(분홍색), No.3689(연분홍색),
  No.3685(산딸기색), No.600(자주색), No.922(오렌지색),
  No.471(녹색), No.472(연두색)
- 보라색 깅엄 체크무늬 리본테이프(너비 0.5 cm) 150 cm
- 하트와 꽃무늬가 새겨진 패브릭테이프(너비 1 cm) 25 cm

note 자수와 아플리케 도안을 전사하는 방법은 9쪽을 참고합니다. 주어진 크기는 시접 분량이 포함되어 있지 않습니다. 시접 없이 자르는 펠트지를 제외하고는, 테두리에 전체적으로 시접 분량 1cm를 더합니다.

✿ 만들기

1 모든 실은 2올로 하여, 아래에 있는 도안과 같이 리넨 위에 수놓습니다.

★ 롱 앤 쇼트 스티치는 긴 스트레이트 스티치를 번갈아 수놓아 표면을 촘촘히 메우는 스티치입니다.

2 수놓은 리넨은 7.5×20cm의 직사각형으로 자릅니다.

3 펠트지는 9.5×31cm의 직사각형으로 자릅니다.

✿ 연결하기

1 수놓은 리넨의 테두리를 사방 1cm 안으로 접어 넣고, 펠트지 가운데에 분홍색 실로 러닝 스티치하여 고정합니다. (87쪽 참고)

2 깅엄 체크무늬 리본테이프를 4개로 자릅니다.

3 하트와 꽃무늬가 새겨진 패브릭테이프를 2개로 자릅니다.

4 체크무늬 리본테이프 2개를 먼저 고정한 후 패브릭테이프를 옆선과 나란히 놓고 꿰맵니다.

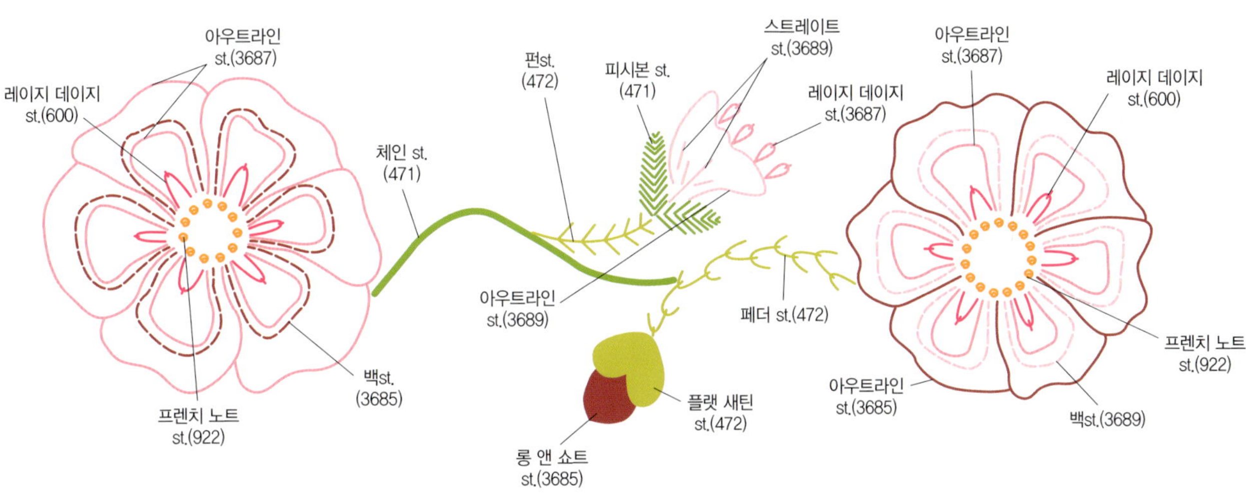

Coussin
tendresse 사랑스런 쿠션

• 크기 : 34×37cm
• 실제 크기 도안 : 88, 89쪽

✿ 준비물

• 자수용 혼방 리넨 40×45cm
• 체크무늬 베이지색 천 40×45cm
• 리넨끈(너비 1cm) 200cm
• 자수실 : DMC 면사 No.3687(분홍색), No.3689(연분홍색),
  No.600(자주색), No.3685(산딸기색), No.471(녹색),
  No.472(연두색), No.922(오렌지색)
• 자수실 : DMC 펄코튼 5번사 No.51(오렌지색 그러데이션)
• 쿠션 1개 32×34cm

note 자수 도안을 전사하는 방법은 9쪽을 참고합니다. 주어진 크기는 시접
분량이 포함되어 있지 않습니다. 세 면에 시접 분량 1cm를 더합니다(쿠션 입
구 제외).

✿ 만들기

1 2장의 천을 34×44cm의 직사각형으로 자릅니다.
2 도식처럼 리넨의 왼쪽 가장자리에서 3.5cm 들어온 위치
에 도안을 전사합니다.
3 특별한 언급이 없는 한 실은 2올로 수놓습니다.
4 아래에 있는 도안과 같이 모티브를 수놓습니다.

✿ 연결하기

1 앞판 : 오른쪽에서 7cm를 안으로 접습니다. (도식 참고)
2 뒤판 : 앞판과 같습니다.
3 뒤판과 앞판을 서로 겉면이 마주보게 놓은 후 3면을 꿰맵
니다(쿠션 입구는 꿰매지 않습니다). 필요한 곳에 가윗밥을 주
고, 뒤집습니다.
4 리넨끈을 4등분으로 자릅니다.
5 앞판과 뒤판에 끈을 답니다. 이때 위에서 10cm 떨어진 곳
에 1개, 아래에서 10cm 떨어진 곳에 1개를 꿰맵니다. (도식
참고)
6 쿠션을 넣고, 끈을 묶습니다.

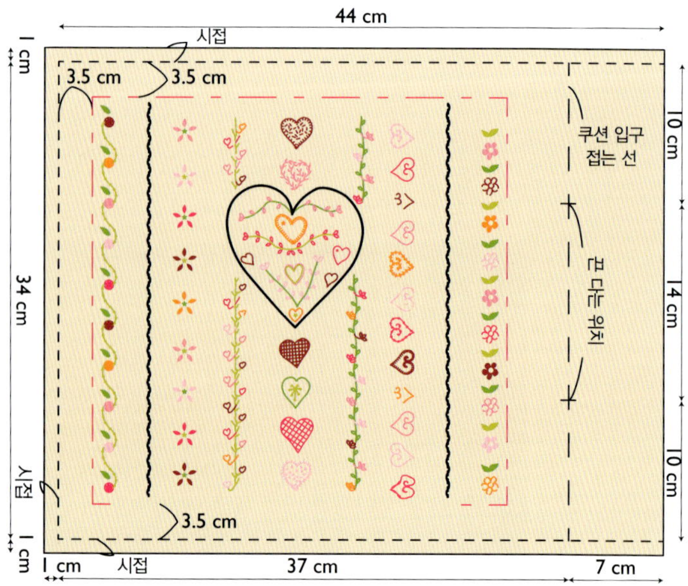

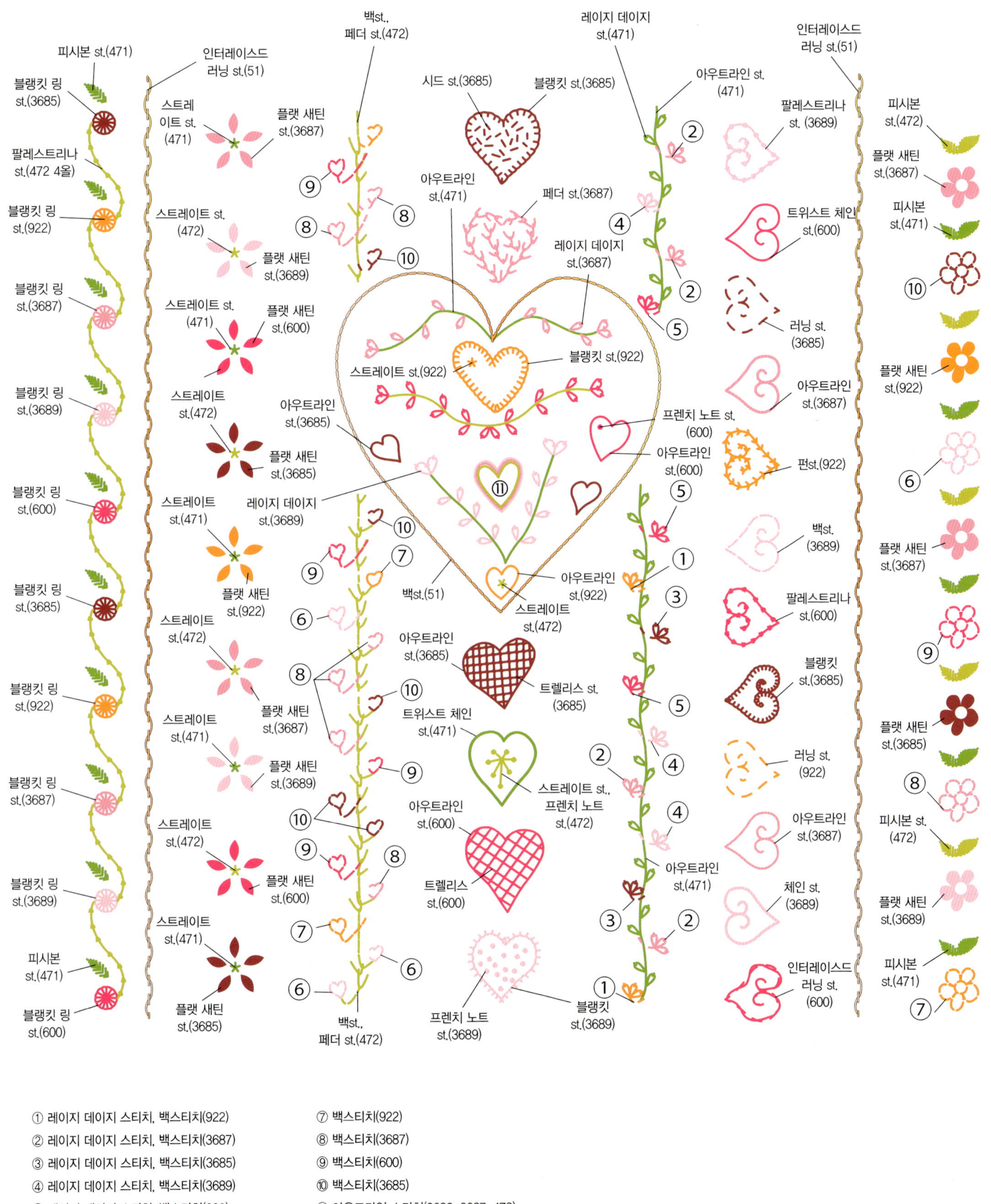

① 레이지 데이지 스티치, 백스티치(922)
② 레이지 데이지 스티치, 백스티치(3687)
③ 레이지 데이지 스티치, 백스티치(3685)
④ 레이지 데이지 스티치, 백스티치(3689)
⑤ 레이지 데이지 스티치, 백스티치(600)
⑥ 백스티치(3689)
⑦ 백스티치(922)
⑧ 백스티치(3687)
⑨ 백스티치(600)
⑩ 백스티치(3685)
⑪ 아우트라인 스티치(3689, 3687, 472)

Au nom de l'amitié 우정의 이름으로

이 매혹적인 펜던트는 여러분에게 친구가 얼마나 소중한 존재인지를 잊지 않게 합니다.

• 크기 : 약 15cm
• 실제 크기 도안 : 90쪽

❀ 준비물

• 혼방 리넨 20×20cm
• 산딸기색 펠트지 35×35cm
• 하트와 꽃무늬가 새겨진 패브릭테이프(너비 1cm) 30cm
• 자수실 : DMC 면사 No.3687(분홍색), No.3689(연분홍색), No.3685(산딸기색), No.600(자주색), No.922(오렌지색), No.471(녹색), No.472(연두색)
• 접착심지
• 솜

note 자수와 아플리케 도안을 전사하는 방법은 9쪽을 참고합니다. 주어진 크기는 시접 분량이 포함되어 있지 않습니다. 모든 천은 시접 없이 자릅니다.

❀ 만들기

도안을 보면서, 실을 2올로 하여 리넨에 모티브를 수놓습니다.

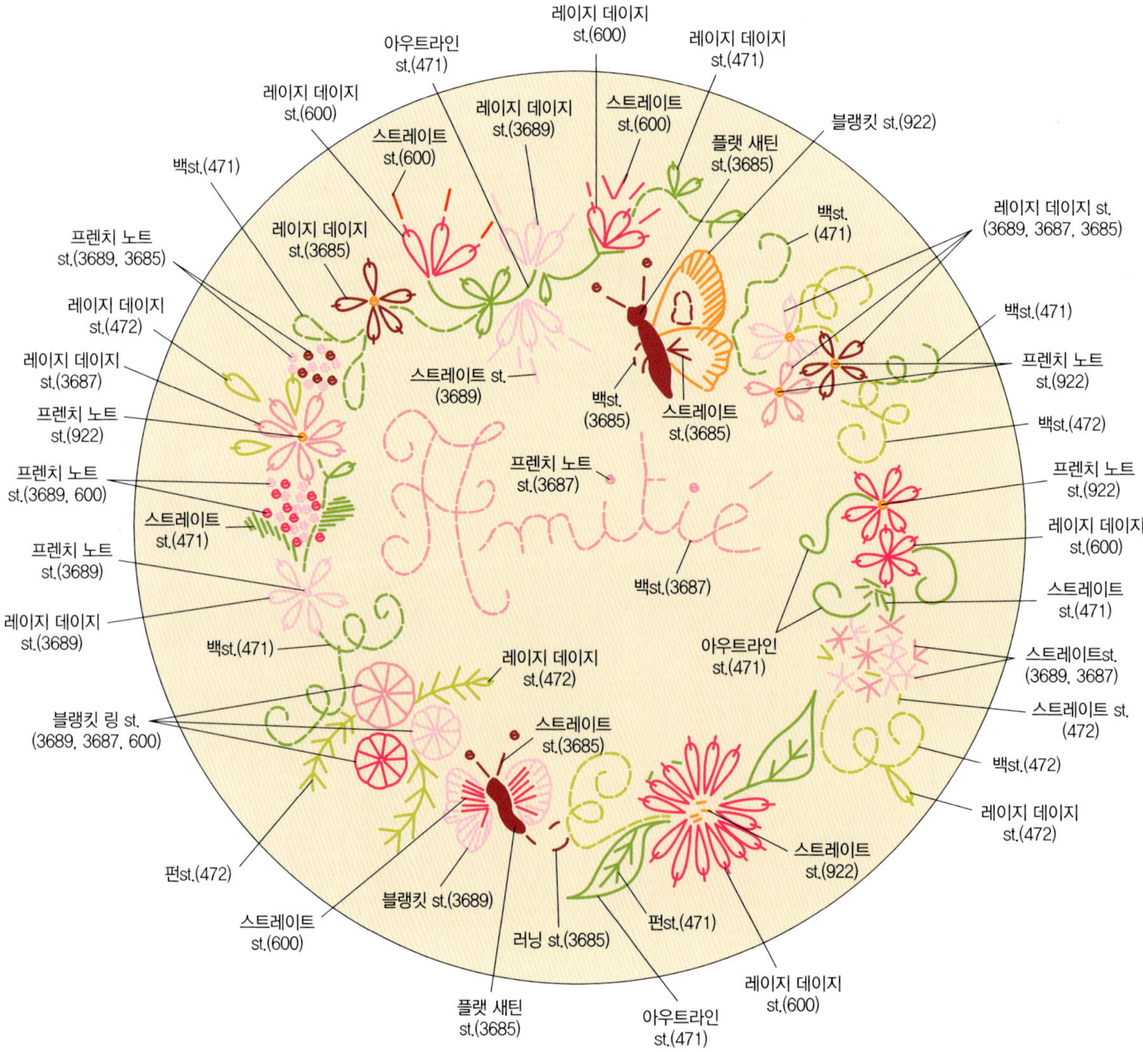

Amitié
Merci

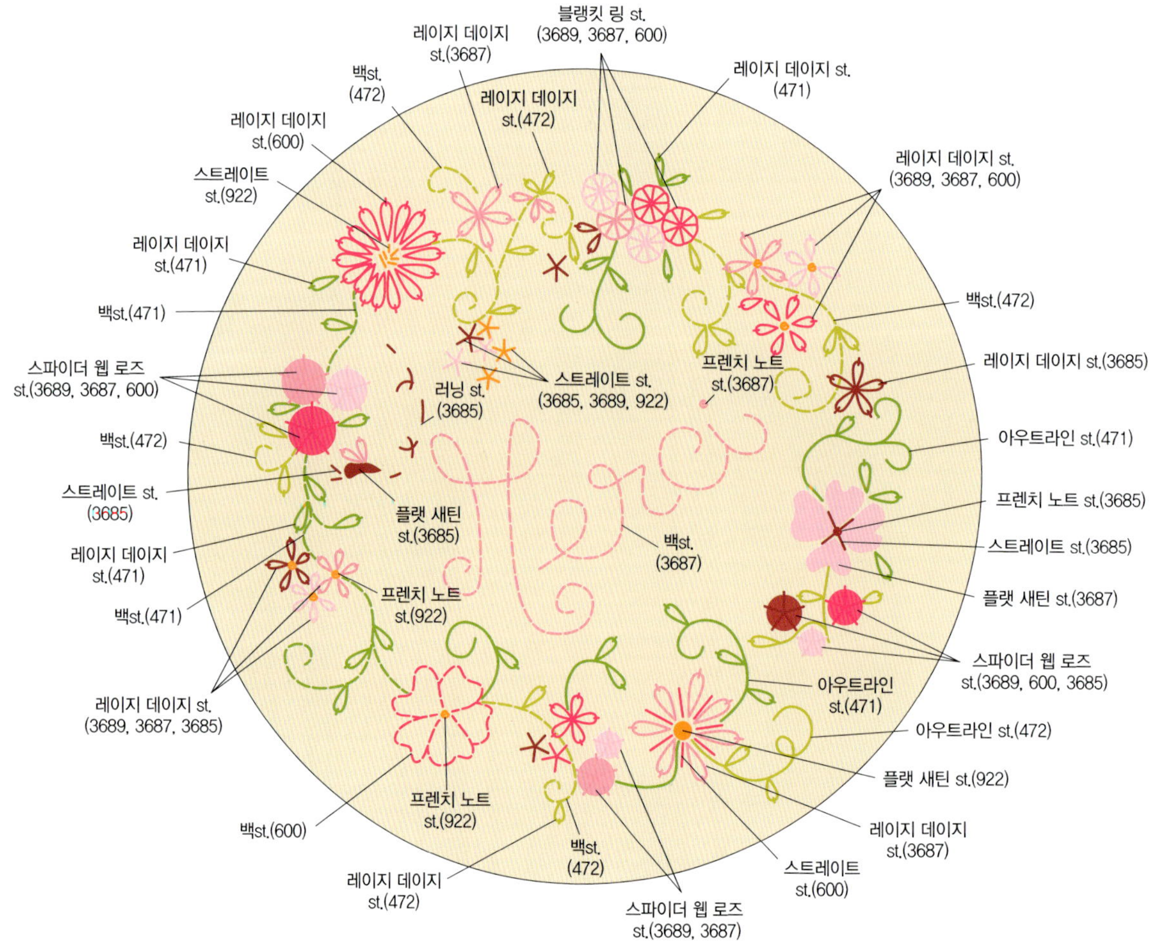
블랭킷 링 st.
(3689, 3687, 600)
레이지 데이지 st.(3687)
레이지 데이지 st.
(471)
백st.
(472)
레이지 데이지
st.(472)
레이지 데이지
st.(600)
레이지 데이지 st.
(3689, 3687, 600)
스트레이트
st.(922)
레이지 데이지
st.(471)
백st.(472)
백st.(471)
레이지 데이지 st.(3685)
스파이더 웹 로즈
st.(3689, 3687, 600)
러닝 st.
(3685)
스트레이트 st.
(3685, 3689, 922)
프렌치 노트
st.(3687)
백st.(472)
아우트라인 st.(471)
스트레이트 st.
(3685)
플랫 새틴
st.(3685)
백st.
(3687)
프렌치 노트 st.(3685)
스트레이트 st.(3685)
레이지 데이지
st.(471)
프렌치 노트
st.(922)
플랫 새틴 st.(3687)
백st.(471)
스파이더 웹 로즈
st.(3689, 600, 3685)
레이지 데이지 st.
(3689, 3687, 3685)
아우트라인
st.(471)
아우트라인 st.(472)
플랫 새틴 st.(922)
레이지 데이지
st.(3687)
백st.(600)
프렌치 노트
st.(922)
백st.
(472)
스트레이트
st.(600)
레이지 데이지
st.(472)
스파이더 웹 로즈
st.(3689, 3687)

"amitié(우정)" 펜던트

1 수놓은 천에 접착심지를 붙인 후 자수가 가운데에 오게 놓고 지름 12cm 되는 원**a** 1장을 자릅니다.

2 펠트지로 지름 15.5cm의 원**b** 2장을 자릅니다.

3 원**b** 위에 원**a**를 접착심지를 이용하여 붙인 후, 수놓아 마무리합니다.

4 패브릭테이프를 반으로 접습니다.

5 원**b** 2장을 서로 겉면이 마주보게 놓은 후, 그 사이로 패브릭테이프를 끼워 넣고 블랭킷 스티치로 연결합니다.

6 창구멍을 남겨놓고, 그 사이로 솜을 약간 넣은 후 블랭킷 스티치로 막습니다.

7 "merci(고마워)" 펜던트는 원**b**의 지름을 15cm로 하여 위와 같은 방법으로 만듭니다.

Le sac à bonheur

행복을 주는 가방

• 크기 : 33×36 cm
• 실제 크기 도안 : 91쪽

❀ 준비물

- 혼방 리넨 40×80 cm (천 A)
- 줄무늬 천 55×90 cm (천 B)
- 진빨강색 펠트지 조금
- 자수실 : DMC 면사 No.642(베이지색), No.815(와인색), No.498(진빨강색), 아이보리색, 흰색
- 진빨강색 웨이브 블레이드 40 cm
- 꽃모양 단추 1개

note 자수 도안을 전사하는 방법은 9쪽을 참고합니다. 주어진 크기는 시접 분량이 포함되어 있지 않습니다. 시접 없이 자르는 펠트지를 제외하고는, 테두리에 전체적으로 시접 분량 1cm를 더합니다.

❀ 재단하기

천 A(혼방 리넨) : 33×36 cm의 직사각형 a 2장(뒤판과 앞판)

천 B(줄무늬 천) :

 33×36 cm의 직사각형 a 2장(뒤판과 앞판의 안감)

 7×36 cm의 직사각형 b 2장(위쪽 밴드)

 6×80 cm의 직사각형 c 2장(손잡이)

펠트지 : 견본대로 d, e 각 1장씩

❀ 만들기

1 도안을 보면서, 천 a/A에 (특별한 언급이 없는 한) 실 2올로 모티브를 수놓습니다. 단, 아래 가장자리에 4.5cm를 남겨둡니다.

2 d와 e를 러닝 스티치로 아플리케합니다. (옆의 도식 참고)

3 단추를 답니다.

❀ 연결하기

손잡이

직사각형 c/B를 겉면이 마주보도록 길이로 반을 접어 꿰맨 후 뒤집습니다. 두 번째 손잡이도 같은 방법으로 작업합니다.

가방의 앞판

직사각형 b/B의 두 개의 긴 면을 1cm씩 안으로 접은 후 다림질합니다. 직사각형을 길이로 반을 접어서 수놓은 천 a/A의 위쪽에 꿰매줍니다. 이때 도식에서처럼 봉제선에 웨이브 블레이드를 끼워 박습니다.

가방의 뒤판

앞판과 같이 만들되, 웨이브 블레이드는 사용하지 않습니다. 뒤판과 앞판을 서로 겉면이 마주보게 놓은 후 세 면을 꿰매고 뒤집습니다.

가방의 앞판과 뒤판의 안감

직사각형 a/B의 위쪽 가장자리에서 1cm를 안으로 접은 후 다림질합니다. 두 번째 a/B도 같은 방법으로 작업합니다. 뒤판과 앞판을 서로 겉면이 마주보게 놓은 후 세면을 꿰매고, 뒤집지 않습니다. 가방의 옆봉제선과 윗부분을 잘 맞춰서 가방 안에 안감을 넣습니다. 손잡이를 제 위치에 놓은 후 가방의 윗부분에 박음질합니다.

note 손잡이는 한번 더 꿰매어 단단히 고정합니다.

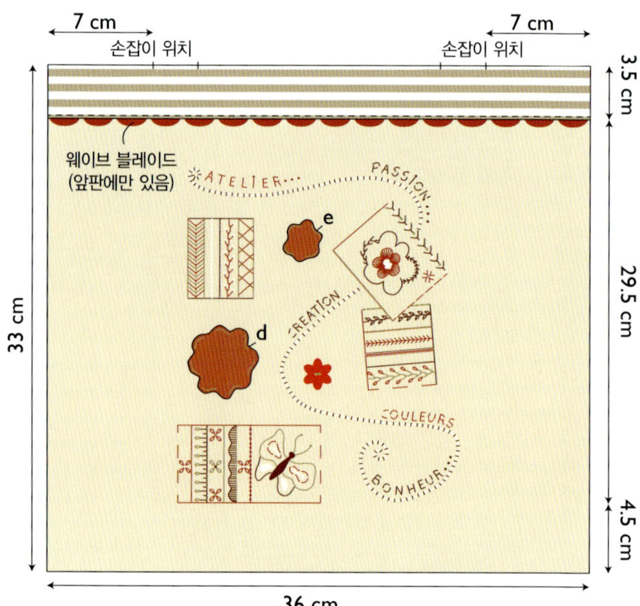

Dans mon atelier
나의 작업실에서
기쁜 일만 가득하길! 자수에 흠뻑 빠진 사람들을 위한 특별한 봉제도구 세트

행복을 주는 가방 Le sac à bonheur

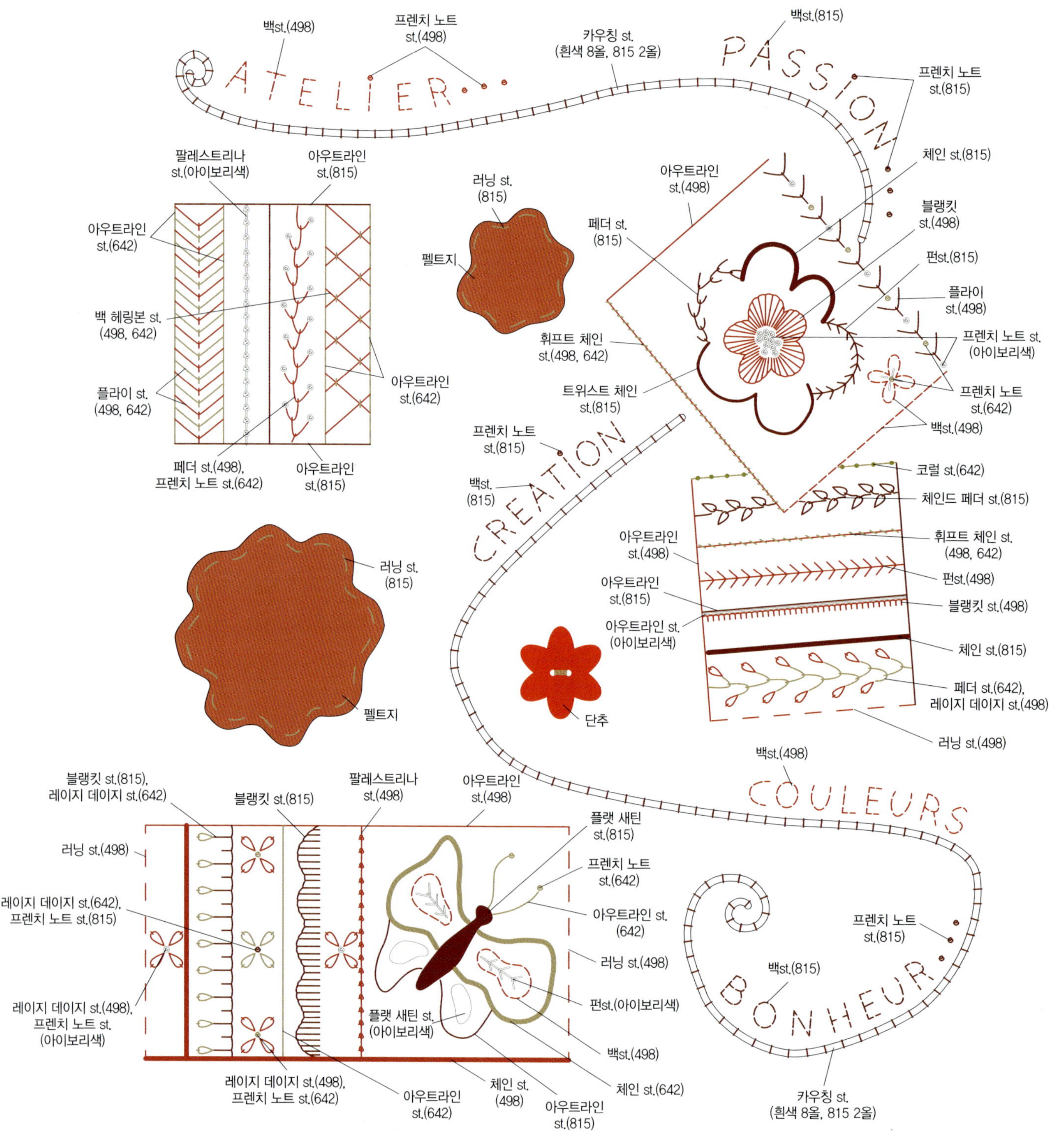

PASSION
ATELIER
CREATION
COULEURS
BONHEUR

Mes petites aiguilles 나의 작은 바늘들

❀ 준비물

• 혼방 리넨 40×60cm
• 진빨강색 펠트지 조금
• 자수실 : DMC 면사 No.642(베이지색), No.815(와인색), No.498(진빨강색), 흰색
• 빨간색 웨이브 블레이드 58cm

note 자수와 아플리케 도안을 전사하는 방법은 9쪽을 참고합니다. 주어진 크기는 시접 분량이 포함되어 있지 않습니다. 시접 없이 자르는 펠트지를 제외하고는, 테두리에 전체적으로 시접 분량 1cm를 더합니다.

❀ 재단하기

리넨 : 14×22cm의 직사각형 a 2장
펠트지 : 견본대로 b 1장(안쪽 주머니)
　　　　견본대로 c 1장(안쪽 라벨)

❀ 만들기

1 첫 번째 천 a의 오른쪽 반쪽에, (특별한 언급이 없는 한) 실 2올로 도안과 같이 수놓습니다.

2 두 번째 천 a에 직사각형 b와 c조각을 아플리케하고, 도안과 같이 수놓습니다.

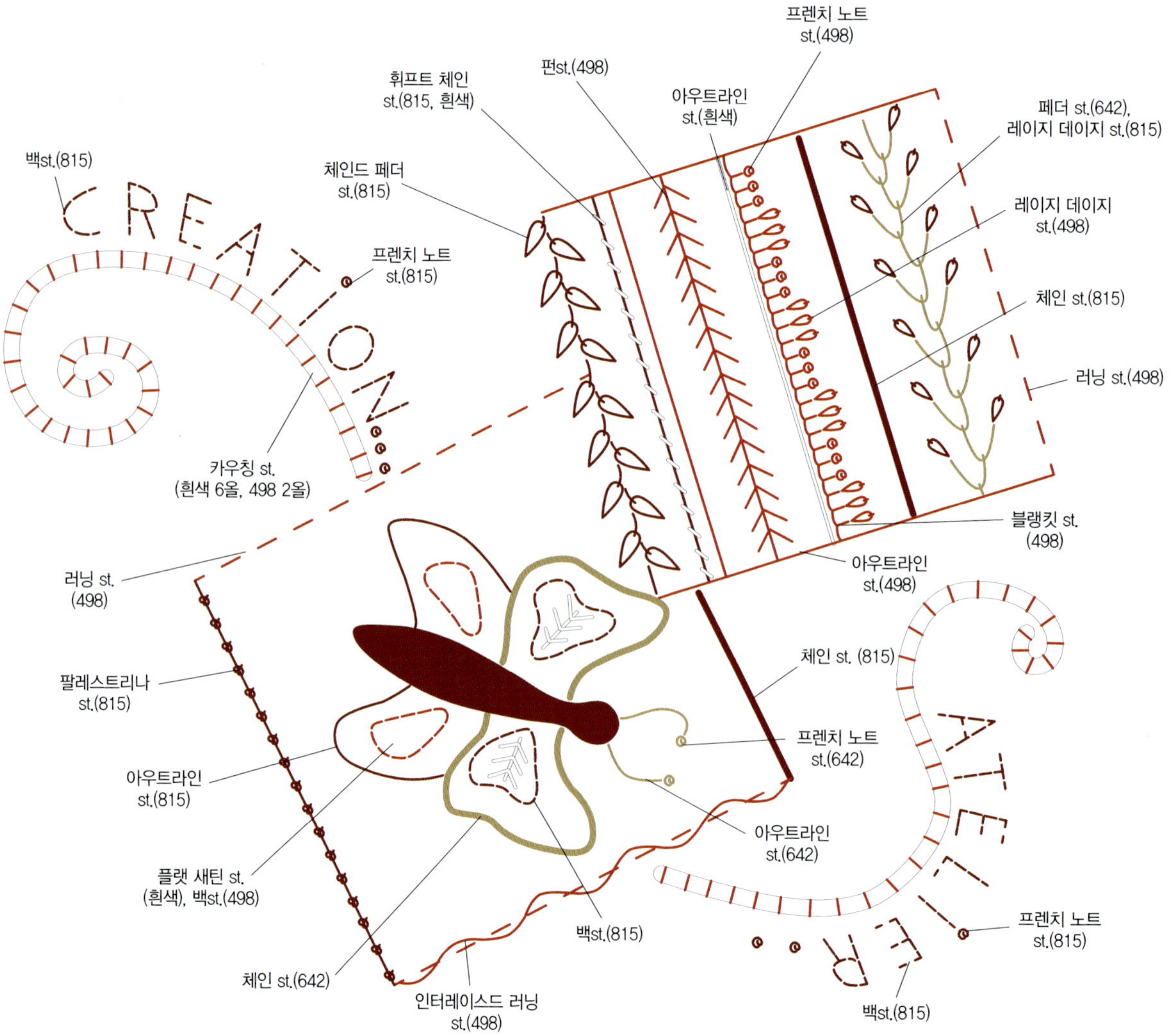

❋ 연결하기

1 웨이브 블레이드를 다음과 같이 3등분합니다. : 21cm 2개, 16cm 1개

2 16cm짜리를 아플리케가 되어 있는 천**a**의 위쪽에 꿰맵니다. (92쪽 참고)

3 수놓은 천**a**와 아플리케가 되어 있는 천**a**를 서로 겉면이 마주보게 놓은 후, 남아있는 웨이브 블레이드 2개를 각각 왼쪽과 오른쪽에 놓고(사진 참고) 창구멍을 남기고 꿰맵니다.

4 필요한 곳에 가윗밥을 주고 뒤집습니다.

5 공그르기하여 창구멍을 막습니다.

6 바늘집을 접고 웨이브 블레이드 2개를 서로 묶습니다.

Chaque chose à sa place! 모두 제자리로

❀ 준비물

- 혼방 리넨 14×28 cm
- 자수실 : DMC 면사 No.642(베이지색), No.815(와인색), No.498(진빨강색), 흰색
- 솜
- 끈 15 cm

note 자수 도안을 전사하는 방법은 9쪽을 참고합니다. 주어진 크기는 시접 분량이 포함되어 있지 않습니다. 특별한 언급이 없을 땐, 테두리에 전체적으로 시접 분량 1cm를 더합니다.

❀ 만들기

리넨을 14×14 cm의 정사각형으로 2장 자릅니다. 그 중 1장에 (특별한 언급이 없는 한) 실 2올로 도안과 같이 수놓습니다.

❀ 연결하기

1 2장의 정사각형을 겉면끼리 마주보도록 놓고, 창구멍을 남겨놓고 테두리를 꿰맵니다.

2 필요한 곳에 가윗밥을 주고 뒤집습니다.

3 솜을 채워 넣고, 공그르기로 창구멍을 막습니다.

4 끈의 양 끝에 매듭을 짓고, 핀쿠션의 위쪽에 고정합니다. (사진 참고)

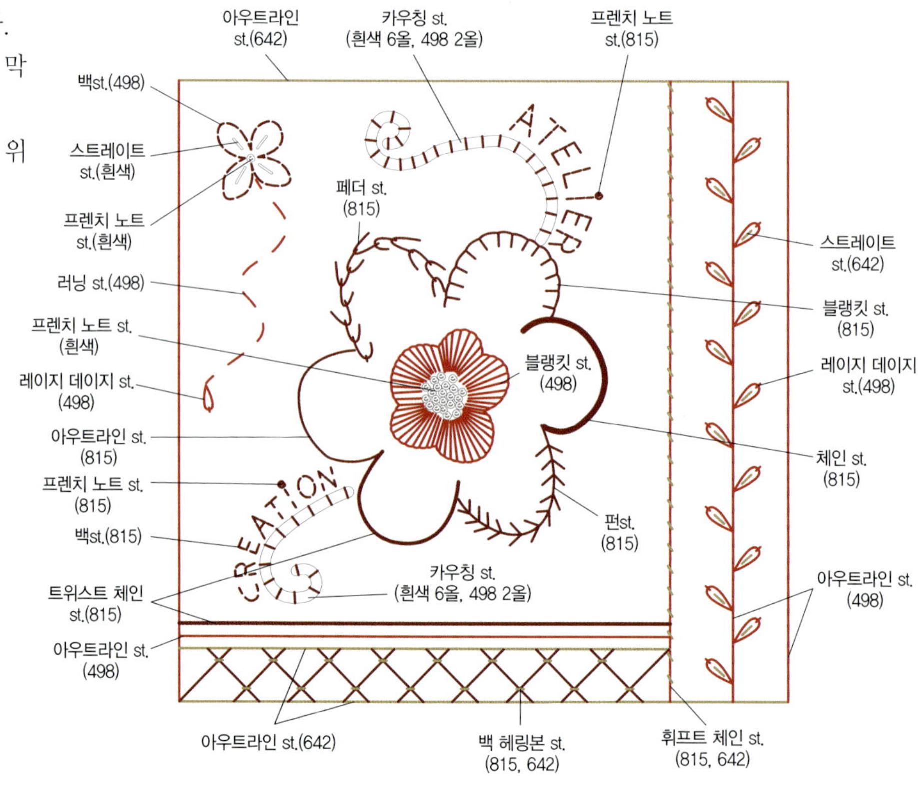

Côté jardin 정원에서

In my garden 정원에서

• 크기 : 33×34 cm
• 실제 크기 도안 : 93~95쪽

❋ 준비물

- 줄무늬 베이지색 천 15×30 cm (천 A)
- 잔줄무늬 흰색 천 15×15 cm (천 B)
- 혼방 리넨 25×25 cm (천 C)
- 무늬 있는 빨간색 천 10×15 cm (천 D)
- 무늬 있는 녹색 천 6×25 cm (천 E1)
- 꽃무늬 녹색 천 10×10 cm (천 E2)
- 빨간색 깅엄 체크무늬 천 10×40 cm (천 F)
- 진빨강색 안감용 천 40×40 cm (천 G)
- 밤색, 녹색, 진빨강색 펠트지 조금씩
- 자수실 : DMC 면사 No.666(빨간색), No.743(노란색), No.472(연두색), No.471(녹색), No.310(검정색), No.839(밤색), 흰색
- "Comme à la campagne(시골에서처럼)"라고 적힌 라벨(너비 1cm)

  ★ 취향에 따라 너비에 맞는 다른 테이프를 사용하세요!
- 빨간색 웨이브 블레이드 30cm(너비 1cm)
- 흰색 웨이브 블레이드 25cm(너비 1cm)
- 꽃무늬 있는 흰색 패브릭테이프 15cm(너비 1cm)
- 빨간색 깅엄 체크무늬 패브릭테이프 15cm(너비 1cm)
- "Au cœur de mon verger(과수원 한복판에서)"라고 적힌 패브릭테이프 50cm(너비 2cm)

  ★ 취향에 따라 너비에 맞는 다른 테이프를 사용하세요!
- 딸기모양 단추 2개
- 나무모양 단추 1개
- "garden"이라 새겨진 나무판넬 모양 단추 1개

  ★ 취향에 따라 다른 나무판넬을 사용하세요!
- 패딩솜 35×35 cm

note 자수와 아플리케 도안을 전사하는 방법은 9쪽을 참고합니다. 주어진 크기는 시접 분량이 포함되어 있지 않습니다. 시접 없이 자르는 펠트지를 제외하고는, 테두리에 전체적으로 시접 분량 1cm를 더합니다.

❋ 재단하기

천 A (줄무늬 베이지색 천) :
　9×11cm의 직사각형 a 2장(블록6, 블록8)

천 B (잔줄무늬 흰색 천) : 9×11cm의 직사각형 a 1장(블록7)

천 C (혼방 리넨) : 19.5×22cm의 직사각형 b 1장(블록1)

천 D (무늬 있는 빨간색 천) : 7×11cm의 직사각형 c 1장(블록2)

천 E1 (무늬 있는 녹색 천) : 4×19.5cm의 직사각형 d 1장(블록4)

천 E2 (꽃무늬 녹색 천) : 7×8.5cm의 직사각형 e 1장(블록3)

천 F (빨간색 깅엄 체크무늬 천) :
　5.5×33cm의 직사각형 f 1장(블록5)

천G (진빨강색 안감용 천) : 33×34cm의 직사각형 g 1장 (뒤판)

밤색 펠트지 : 견본대로 i 1장 (나무기둥)

진빨강색 펠트지 : 견본대로 h 1장 (라벨)

녹색 펠트지 : 견본대로 j 1장 (나뭇잎)

블록 1

실은 2올로 하여 도안을 보면서 천 b에 수놓습니다.

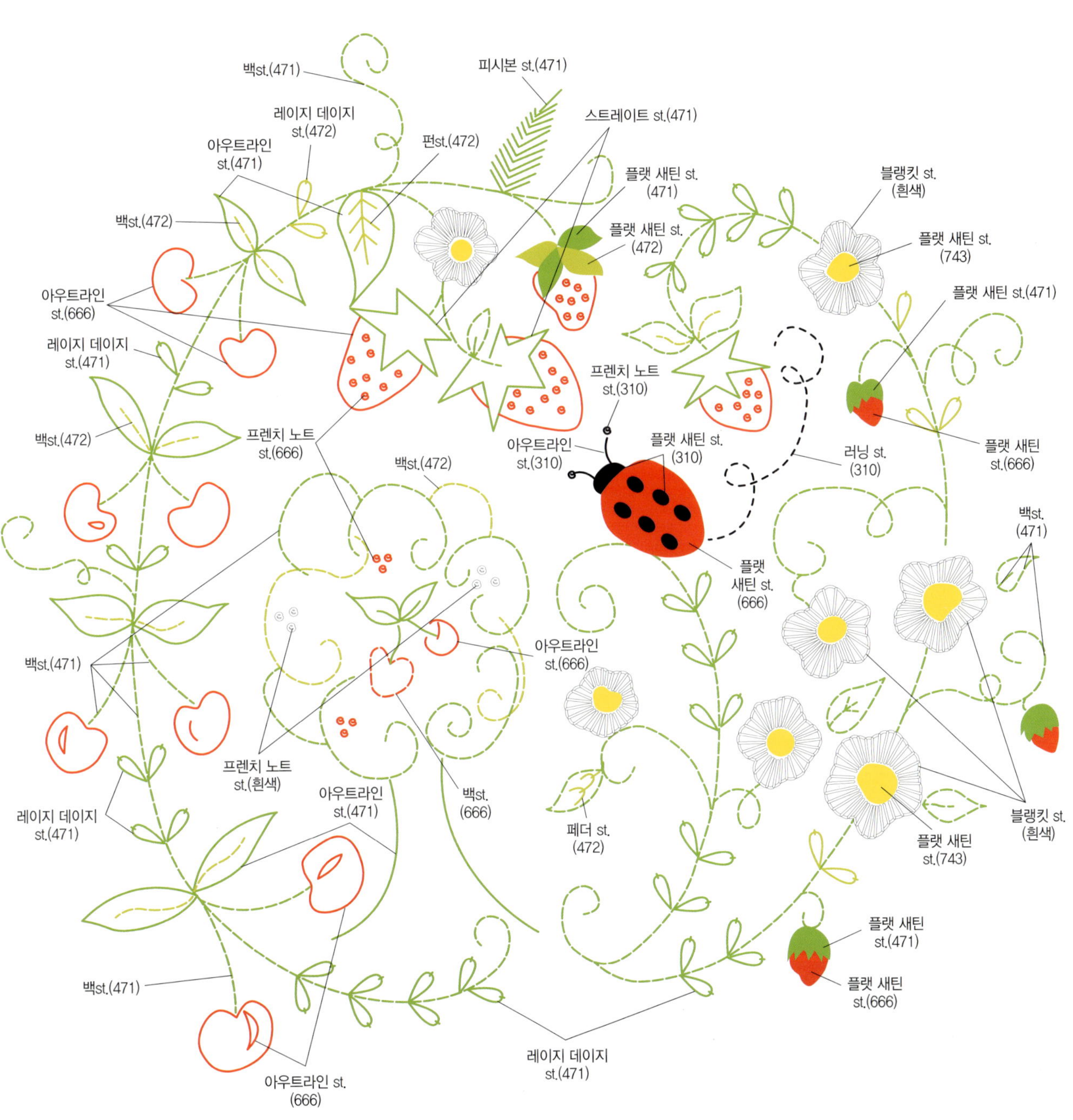

정원에서 In my garden

블록 2와 블록 3

천c/D와 천e/E2를 연결합니다. 나무기둥과 나뭇잎을 러
닝 스티치로 아플리케하고 도안과 같이 수놓습니다.

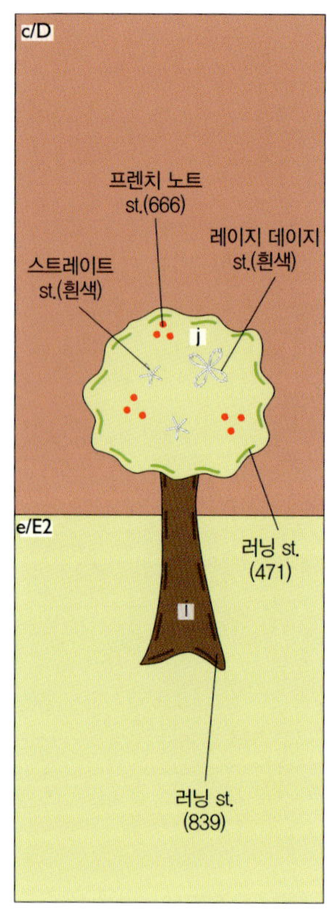

블록 6

천a/A에 다음과 같이 수놓습니다.

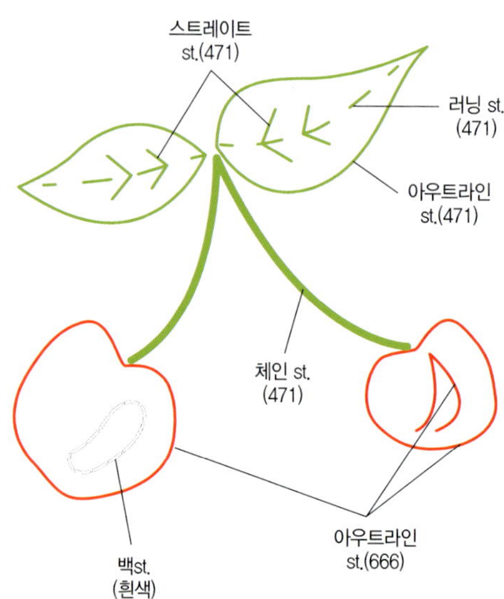

블록 7

"Au cœur de mon verger(과수원 한복판에서)"라고 새겨진
패브릭테이프를 펠트지h 위에 올려놓고, 전체를 천a/B 위
에 올린 후 아래와 같이 한꺼번에 아플리케합니다.

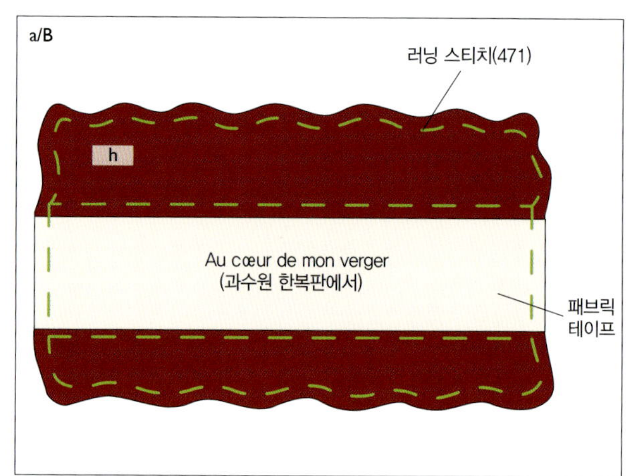

블록 8

두 번째 a/A에 아래와 같이 수놓습니다.

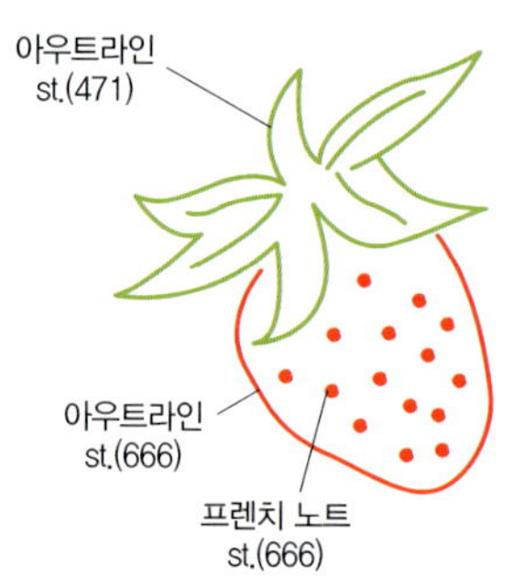

도식을 보면서 다음 설명을 참고하여, 블록들을 연결합니다.

1 블록1과 블록 2/3/4를 연결한 후 흰색 웨이브 블레이드를 고정합니다.

2 블록1~4와 블록 5를 연결한 후 빨간색 웨이브 블레이드를 고정합니다.

3 빨간색 웨이브 블레이드의 물결마다 흰색으로 프렌치 노트 스티치를 합니다.

4 블록 6~8을 연결하고 그 위에 흰색 패브릭테이프와 체크무늬 패브릭테이프를 고정합니다.

5 단추를 달고, 라벨 "Comme à la campagne(시골에서처럼)"과 패브릭테이프 "Au cœur de mon verger(과수원 한복판에서)"를 꿰맵니다.

6 앞판, 뒤판, 패딩솜을 sandwich기법(15쪽 설명 참고)으로 연결합니다.

7 도안을 보면서 누빕니다. (95쪽)

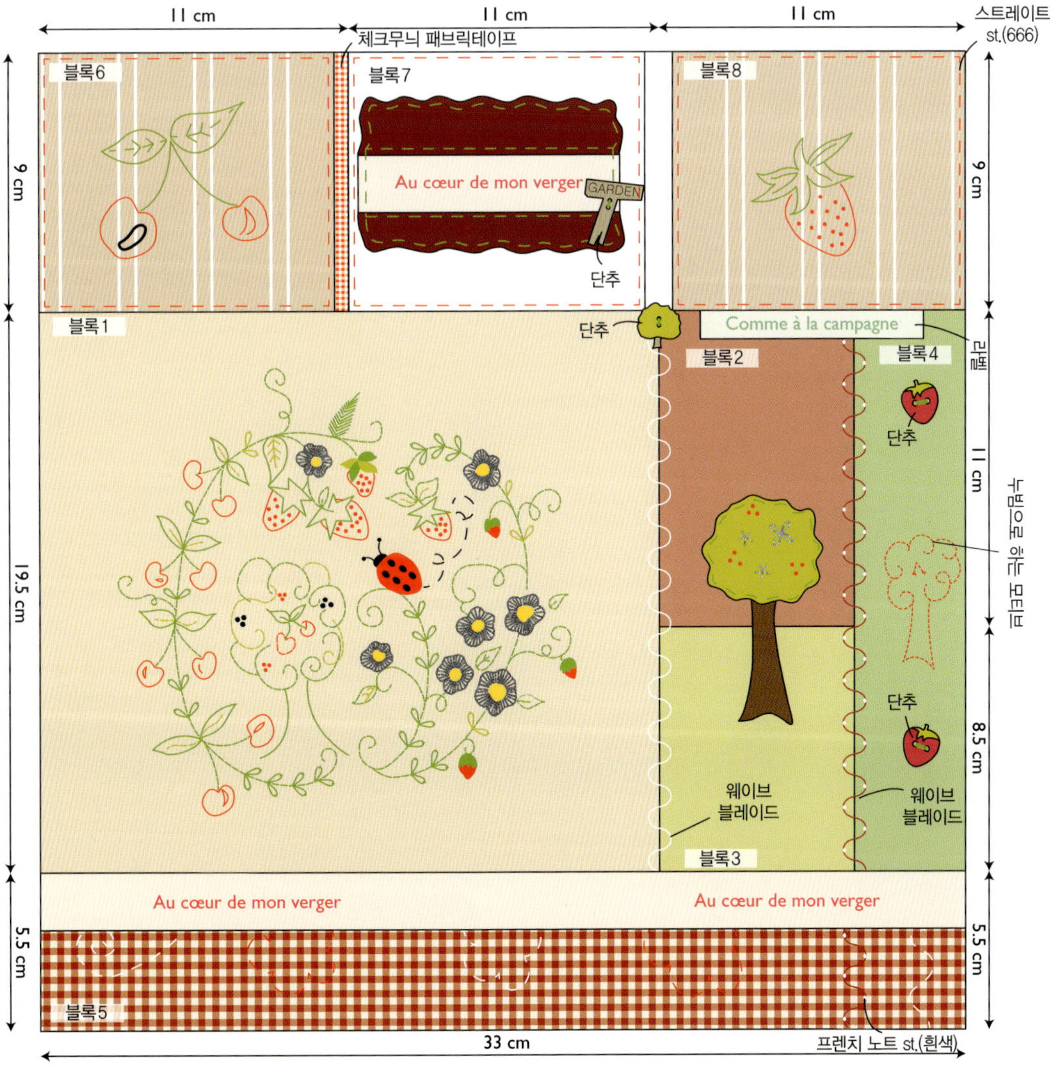

Un air de printemps 봄 분위기

여러분의 집에 즐거운 계절, 봄을 초대하세요.

- 크기 : 14×21cm
- 실제 크기 도안 : 96쪽

❀ 준비물

- 자수용 혼방 리넨 15×20cm (천A)
- 분홍색 천 15×20cm (천B)
- 연두색 펠트지 15×50cm (천C)
- 흰색, 초콜릿색, 연회색, 분홍색, 빛바랜 분홍색 펠트지 조금씩
- 자수실 : DMC 면사 No.472(연두색), No.905(녹색), No. 3687(분홍색), No.3689(연분홍색), No.814(와인색), No. 3772(갈색), No.317(회색), 흰색
- 접착심지
- 흰색 도트 무늬 있는 분홍색 리본테이프 20cm(너비 1cm)
- "Printemps(봄)"이라 새겨진 나무판넬 모양 단추 1개

note 자수 도안을 전사하는 방법은 9쪽을 참고합니다. 주어진 크기는 시접 분량이 포함되어 있지 않습니다. 재단하기 전에 모든 천과 펠트지(천C만 제외)에 접착심지를 붙입니다. 모든 천은 시접 없이 재단합니다.

❀ 재단하기

천A(자수용 혼방 리넨) : 견본대로 a 1장

천B(분홍색 천) : 견본대로 b 1장

천C(연두색 펠트지) : 견본대로 c 2장
　　조각 ①, ②, ③ 각 1장씩

흰색 펠트지 : 조각 ④, ⑤, ⑥ 각 1장씩

회색 펠트지 : 조각 ⑦ 1장

초콜릿색 펠트지 : 조각 ⑧ 1장

분홍색 펠트지 : 조각 ⑨, ⑩ 각 1장씩

빛바랜 분홍색 펠트지 : 조각 ⑪, ⑫ 각 1장씩

❀ 만들기

천a에 조각 ①~⑫를 접착심지로 붙인 후 모든 실은 2올로 도안을 보며 수놓습니다.

❀ 연결하기

1 b의 가운데에 a를 접착심지로 붙입니다.

2 a의 테두리를 연두색실 1올로 블랭킷 스티치합니다.

3 c의 가운데에 a와 b를 접착심지로 붙입니다.

4 b의 테두리를 분홍색 실 1올로 블랭킷 스티치합니다.

5 단추를 답니다. (사진 참고)

6 리본테이프를 반으로 접습니다.

7 c 2장을 안쪽 면이 서로 마주보게 놓은 후 위쪽 가운데에 접은 리본테이프를 끼워 넣고, 갈색 실을 이용해 전체 테두리를 러닝 스티치로 고정합니다.

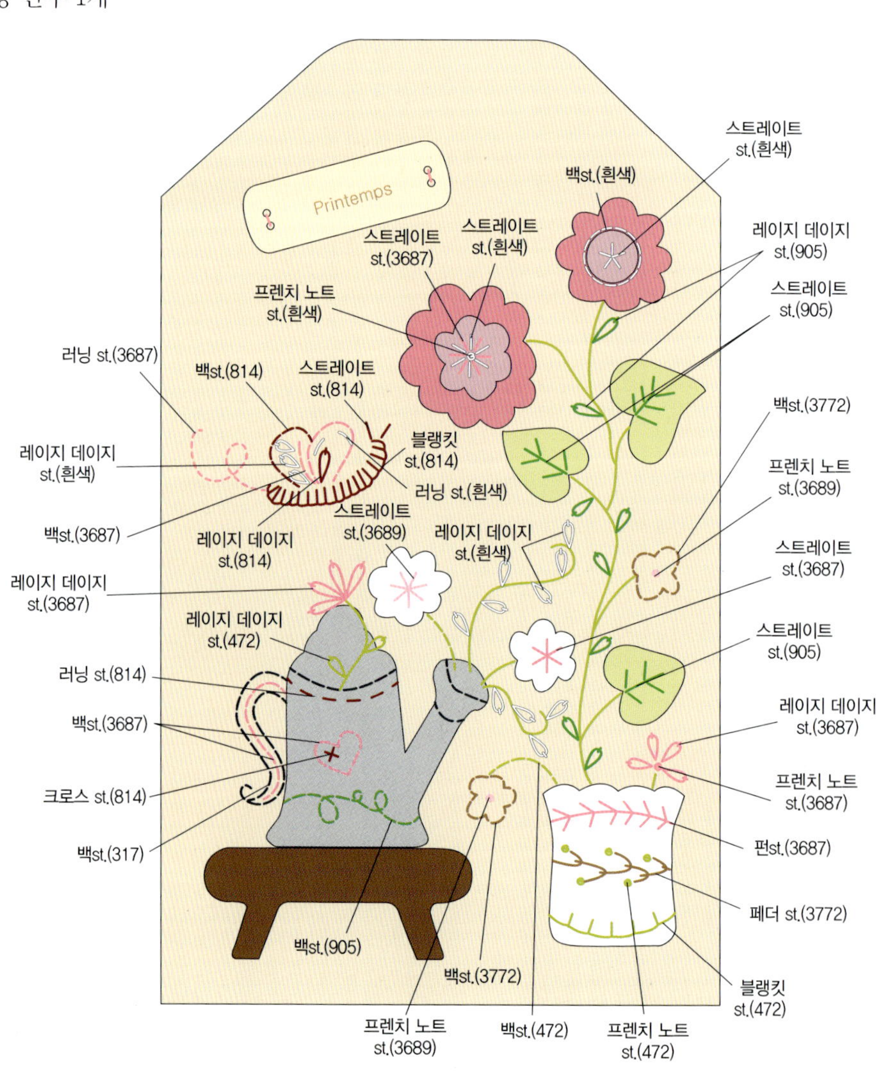

Printemps

Je suis au jardin 저 정원에 있어요

• 크기 : 12×21cm(걸고리끈 제외)
• 실제 크기 도안 : 97쪽

❀ 준비물

- 자수용 혼방 리넨 20×25cm (천A)
- 안감용 천 20×25cm (천B)
- 연두색, 연분홍색, 빛바랜 분홍색, 진분홍색, 베이지색, 초콜릿색 펠트지 조금씩
- 자수실 : DMC 면사 No.472(연두색), No.471(녹색), No.3687(분홍색), No.3689(연분홍색), No.600(자주색), No.642(베이지색), No.839(밤색), 흰색
- 접착심지
- 솜
- 끈 30cm

note 자수 도안을 전사하는 방법은 9쪽을 참고합니다. 주어진 크기는 시접 분량이 포함되어 있지 않습니다. 펠트지는 자르기 전에 접착심지를 붙여 놓습니다. 시접 없이 자르는 펠트지를 제외하고는, 테두리에 전체적으로 시접 분량 1cm를 더합니다.

❀ 재단하기

천B(안감용 천) : 12×21cm의 직사각형 a 1장(뒤판)
연두색 펠트지 : 조각 ①~⑥
분홍색 펠트지 : 조각 ⑦~㉓
베이지색 펠트지 : 조각 ㉔
초콜릿색 펠트지 : 조각 ㉕

❀ 만들기

리넨 위에 접착심지를 이용하여 조각 ①~㉕를 붙이고, 아래 보이는 것처럼 자수실 2올을 사용하여(카우칭 스티치 제외) 수놓습니다.

❀ 연결하기

1 자수가 리넨 가운데 오도록 놓고 12×21cm의 직사각형으로 자릅니다.

2 a/A와 a/B를 서로 겉면이 마주보게 놓은 후 창구멍을 남기고 연결합니다.

3 필요한 곳에 가윗밥을 주고 뒤집은 후 솜을 채우고, 공그르기로 창구멍을 막아줍니다.

4 끈의 양쪽 끝에 매듭을 지은 후 쿠션의 위쪽에 고정합니다. (사진 참고)

Je suis au Jardin

So Pretty! (28쪽)

So chic (30쪽)

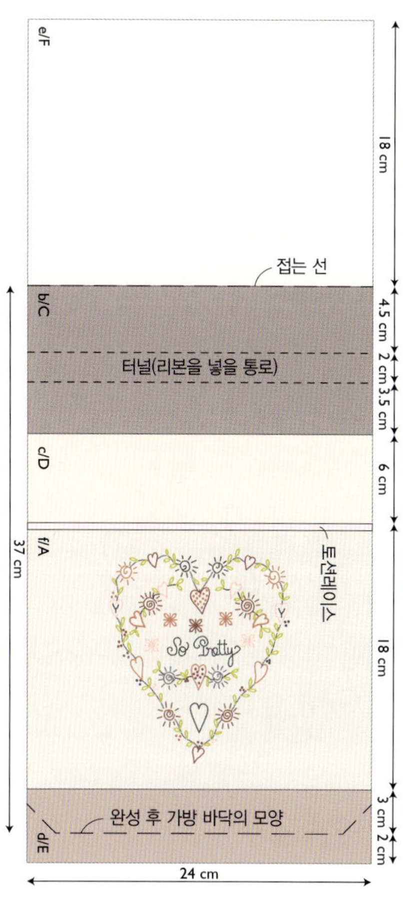

가장자리

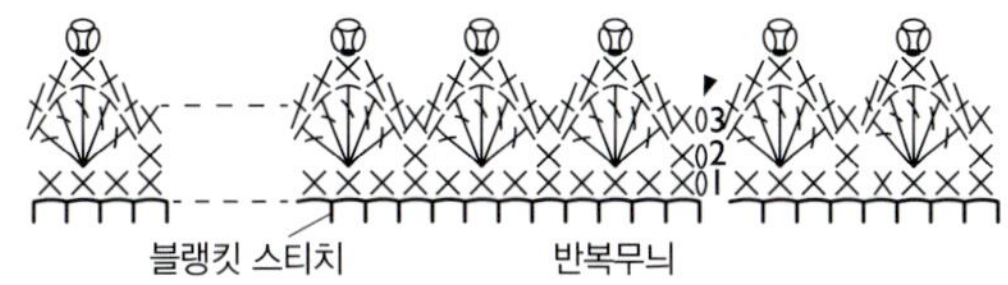

▼ 실 자르기

◠ 사슬뜨기 : 코바늘에 실을 1번 감아, 고리 사이로 빼낸다.

● 빼뜨기 : 코바늘을 코에 넣고, 실을 1번 감아 바늘에 걸려있는 코를 한번에 빼낸다.

× 짧은뜨기 : 코바늘을 코에 넣고 실을 1번 감아 코 사이로 뺀 후, 다시 실을 1번 감아 바늘에 걸린 코를 한번에 빼낸다.

Ŧ 1길 긴뜨기 : 코바늘을 코에 넣기 전에 바늘에 실을 1번 감아서 코에 넣고, 실을 1번 감아 코 사이로 빼내고, 다시 실을 1번 감아 바늘에 걸린 2개의 고리 사이로 빼고, 다시 실을 1번 감아 바늘에 있는 2개의 고리 사이로 빼낸다.

⊕ 짧은뜨기와 피코빼뜨기 : 짧은뜨기 1코를 뜨고, 사슬뜨기 3코를 뜬 다음 짧은뜨기 머리에 바늘을 넣어 빼뜨기한다.

✼ 만들기

아이보리색 실로 하트 테두리에 일정한 간격으로 블랭킷 스티치를 합니다.

1단 : 코바늘 1.25mm를 이용하여, 블랭킷 스티치에 바늘을 넣어 짧은뜨기합니다. 첫코는 사슬뜨기로 기둥코를 세워주고, 블랭킷 스티치 2개마다 짧은뜨기로 3코를 뜨며 반복하여 1단을 뜹니다. (도안과 기호 설명 참고)

2단 : 첫코에 사슬뜨기로 기둥코 1코를 뜨고, (짧은뜨기 1코 뜨고, 1코 건너서, 1코에 바늘 넣어 1길 긴뜨기 5코 뜨고, 1코 건넙니다) (　)를 계속 반복하여 하트의 테두리를 모두 돌립

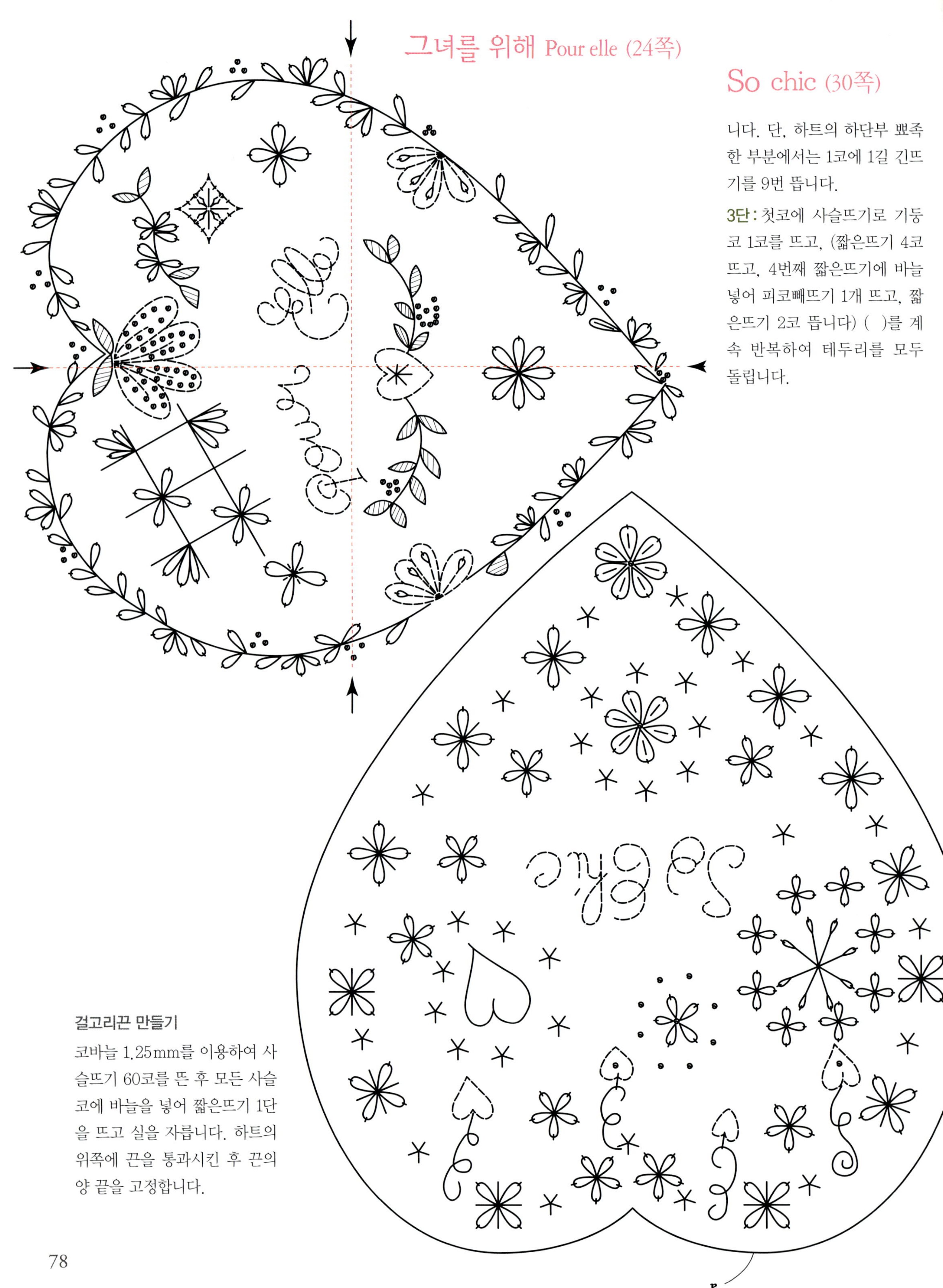

그녀를 위해 Pour elle (24쪽)

So chic (30쪽)

니다. 단, 하트의 하단부 뾰족한 부분에서는 1코에 1길 긴뜨기를 9번 뜹니다.

3단: 첫코에 사슬뜨기로 기둥코 1코를 뜨고, (짧은뜨기 4코 뜨고, 4번째 짧은뜨기에 바늘 넣어 피코빼뜨기 1개 뜨고, 짧은뜨기 2코 뜹니다) ( )를 계속 반복하여 테두리를 모두 돌립니다.

걸고리끈 만들기

코바늘 1.25mm를 이용하여 사슬뜨기 60코를 뜬 후 모든 사슬코에 바늘을 넣어 짧은뜨기 1단을 뜨고 실을 자릅니다. 하트의 위쪽에 끈을 통과시킨 후 끈의 양 끝을 고정합니다.

* 세 집을 나란히 놓으면 수놓은 글자 Maison de famille '가족의 집'이 연결돼요!

집1의 지붕

우리 가족의 집 Ma maison de famille (32쪽)

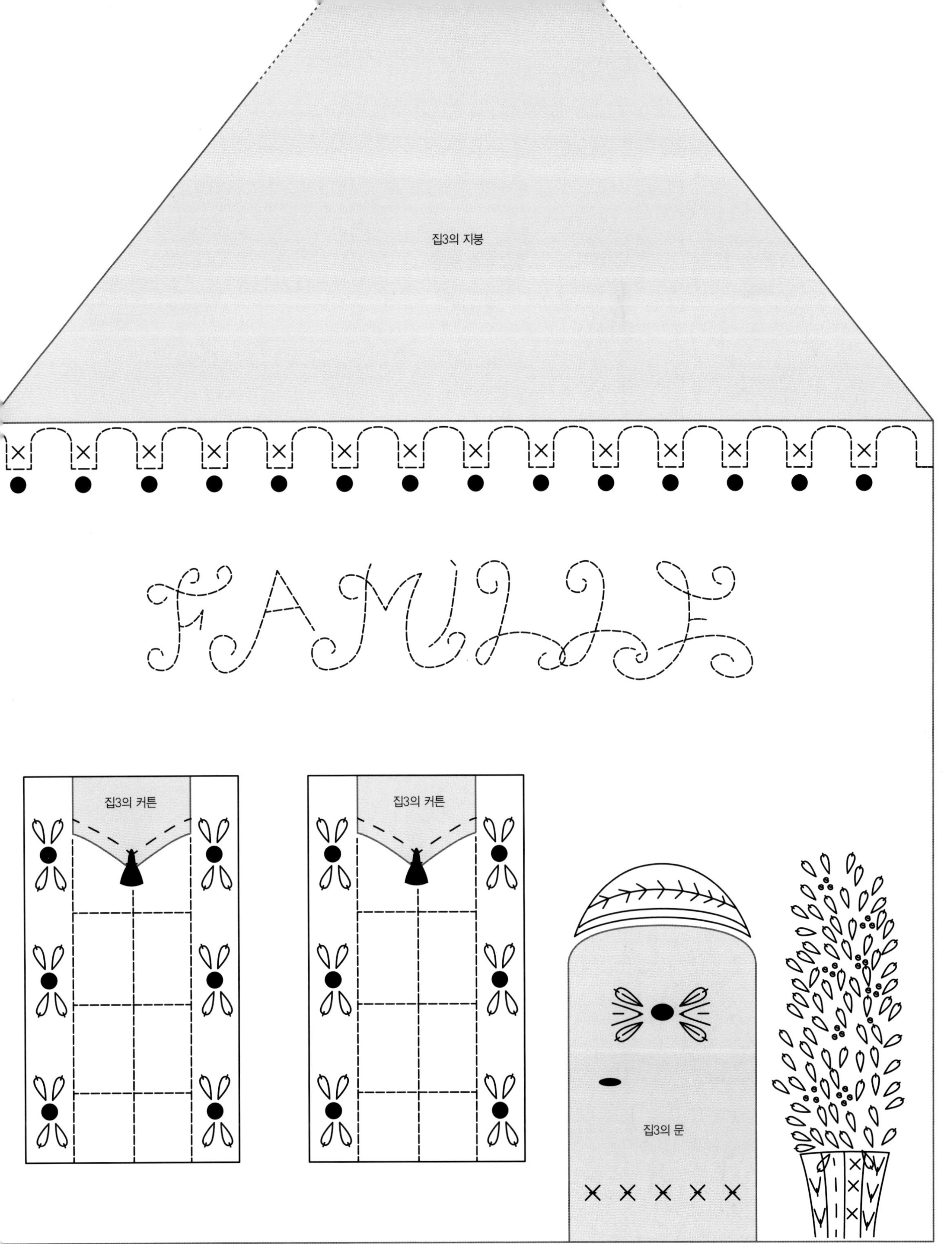

집3의 지붕
FAMILY
집3의 커튼
집3의 커튼
집3의 문

시장 가는 날 C'est jour de marché (38쪽)

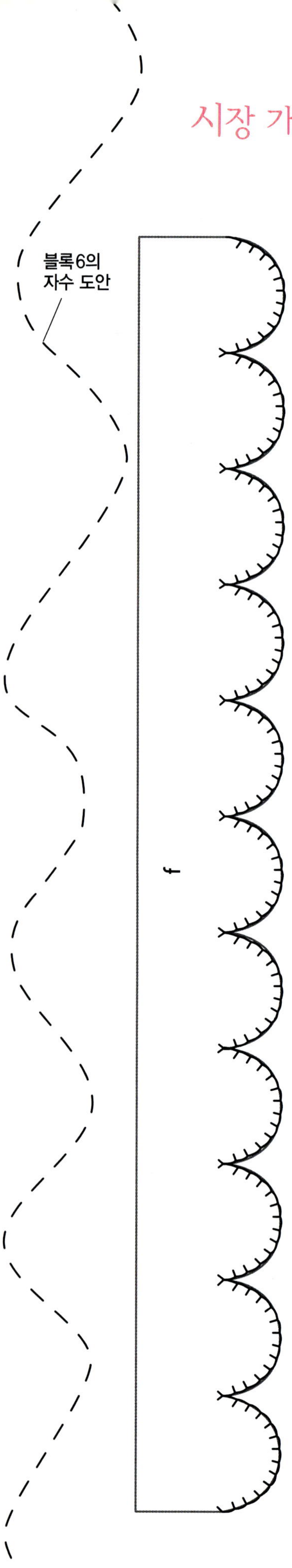

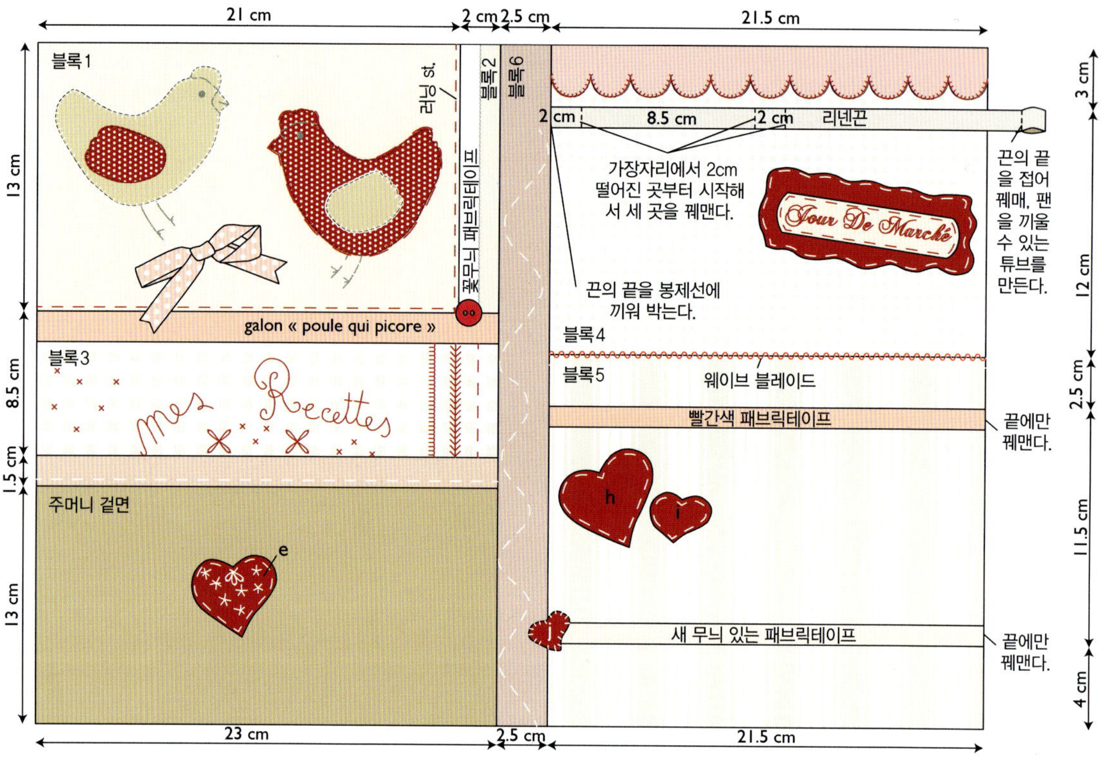

가장자리

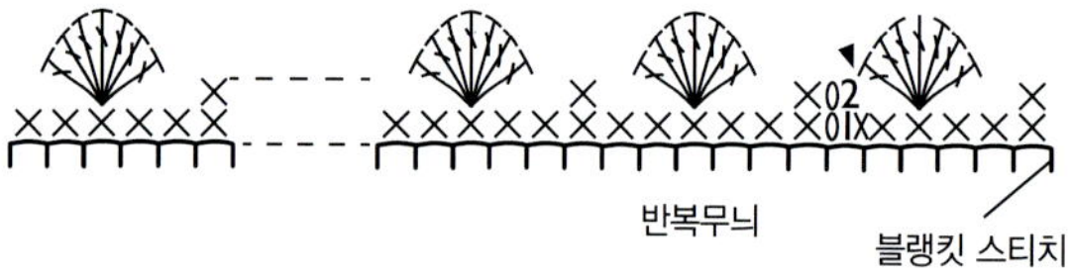

◀ 실 자르기
⬭ 사슬뜨기 : 코바늘에 실을 1번 감아, 고리 사이로 빼낸다.
● 빼뜨기 : 코바늘을 코에 넣고, 실을 1번 감아 바늘에 걸려있는 코를 한번에 빼낸다.
× 짧은뜨기 : 코바늘을 코에 넣고 실을 1번 감아 코 사이로 빼낸 후, 다시 실을 1번 감아 바늘에 걸린 코를 한번에 빼낸다.
Ŧ 1길 긴뜨기 : 코바늘을 코에 넣기 전에 바늘에 실을 1번 감아서 코에 넣고, 실을 1번 감아 코 사이로 빼낸다. 다시 실을 1번 감아 바늘에 걸린 2개의 고리 사이로 빼고, 다시 실을 1번 감아 바늘에 있는 2개의 고리 사이로 빼낸다.

❀ 만들기

빨간색 실로 테두리에 일정한 간격으로 블랭킷 스티치를 합니다.
1단의 짧은뜨기 6코가 2단의 1무늬가 됩니다.

1단 : 코바늘 2mm를 이용하여, 블랭킷 스티치에 바늘 넣어 짧은뜨기를 합니다. 첫코는 사슬뜨기(기둥코)로 1코 뜨고, 모든 블랭킷 스티치에 바늘 넣어 짧은뜨기를 1코씩 뜹니다.

2단 : 첫코에 사슬뜨기로 기둥코 1코를 뜨고, (짧은뜨기 1코 뜨고, 2코 건너고, 1코에 바늘 넣어 1길 긴뜨기 7개 뜨고 2코 건넙니다) ( )를 반복하여 도안을 보면서 테두리 전체를 돌려 뜹니다. 단, 모서리에서는 1코에 1길 긴뜨기를 12개씩 뜹니다. 2단 끝에서 실을 자릅니다.

83

블록 1
블록 2
CUISINE
블록 4

블록 3
47 cm
5 cm
f/B
크로스 st.(498)
5 cm
e/B
a/A
블록1
러닝 st.
(498)
b/C
블록2
e/B
12.5 cm
26.5 cm
레이지 데이지 st.(아이보리색), 프렌치 노트 st.(498)
꽃무늬 패브릭테이프
c/D
블록3
14 cm
레이지 데이지 st.(498), 프렌치 노트 st.(아이보리색)
7.5 cm
d/E
블록4
7.5 cm
5 cm
f/B
스트레이트 st.(498)
5 cm
5 cm
24 cm
13 cm
5 cm
모서리 도안

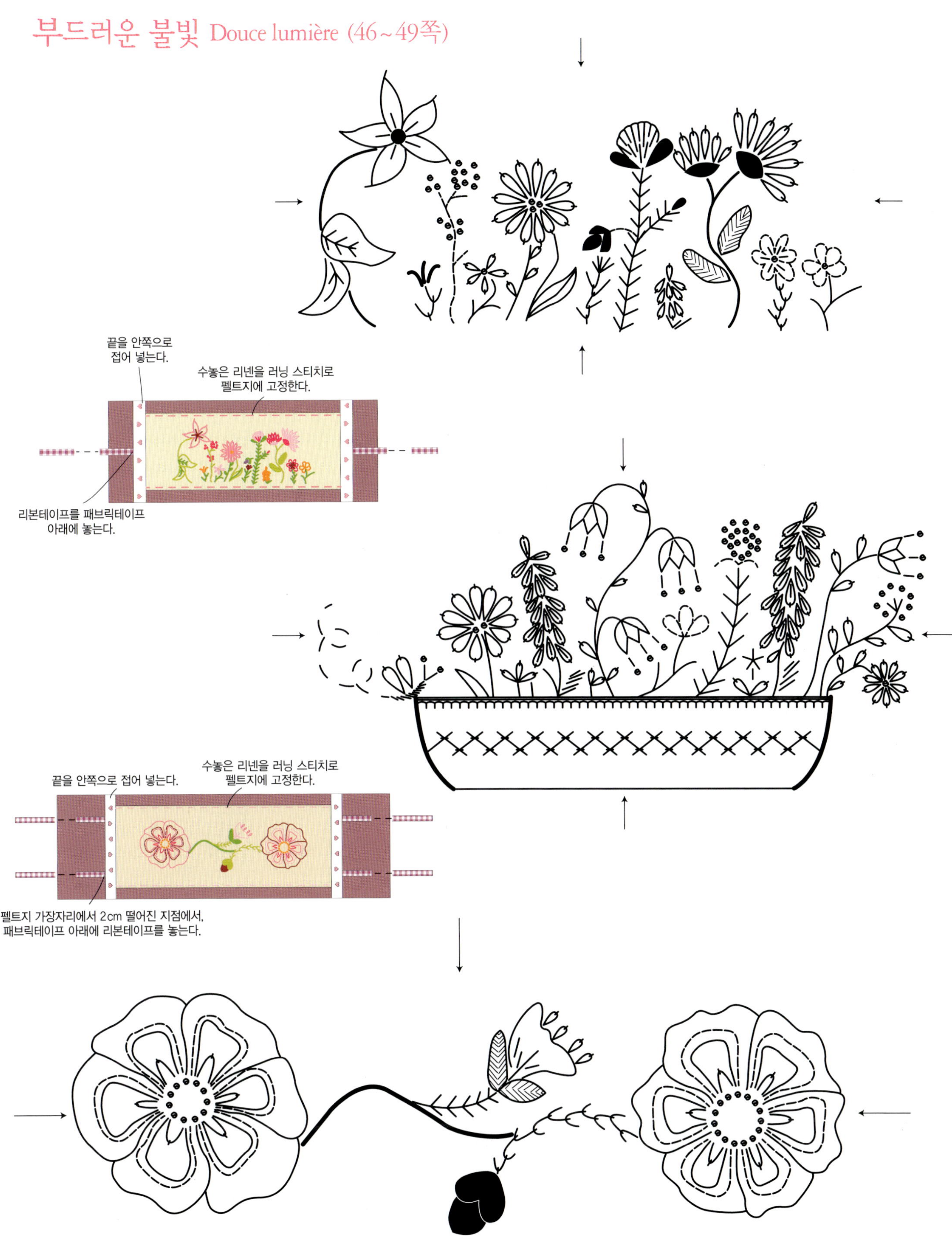

끝을 안쪽으로
접어 넣는다.
수놓은 리넨을 러닝 스티치로
펠트지에 고정한다.
리본테이프를 패브릭테이프
아래에 놓는다.
끝을 안쪽으로 접어 넣는다.
수놓은 리넨을 러닝 스티치로
펠트지에 고정한다.
펠트지 가장자리에서 2cm 떨어진 지점에서,
패브릭테이프 아래에 리본테이프를 놓는다.

사랑스런 쿠션
Coussin tendresse (50쪽)

ATELIER...
PASSION...
CREATION
COULEURS
BONHEUR
e
d

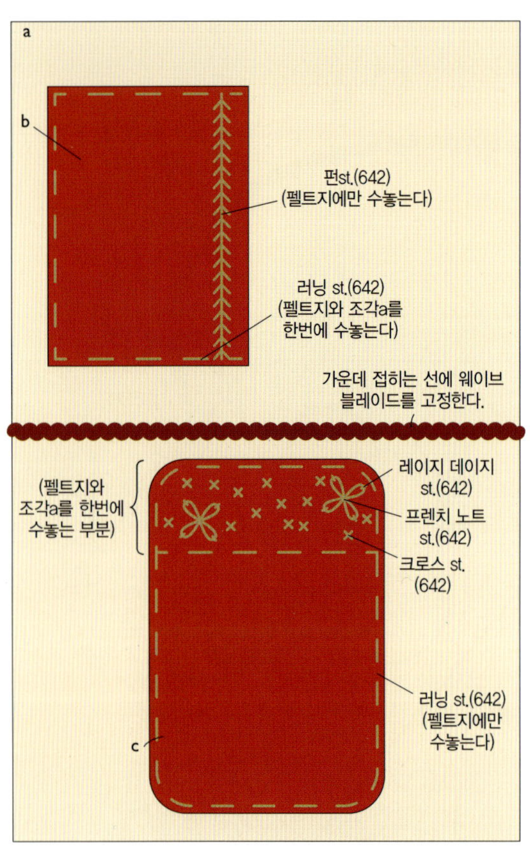

커버의 오른쪽 도안

아플리케

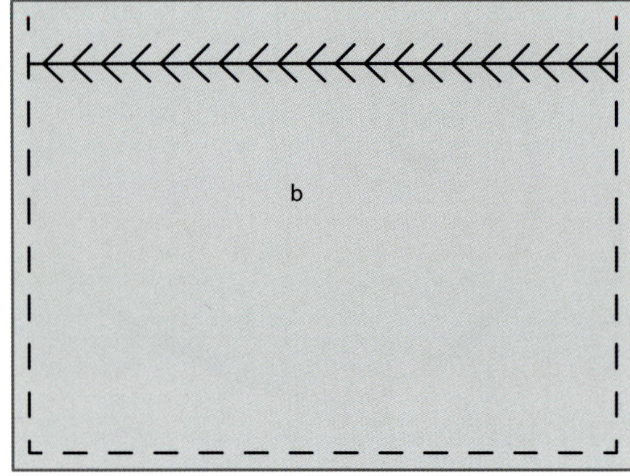

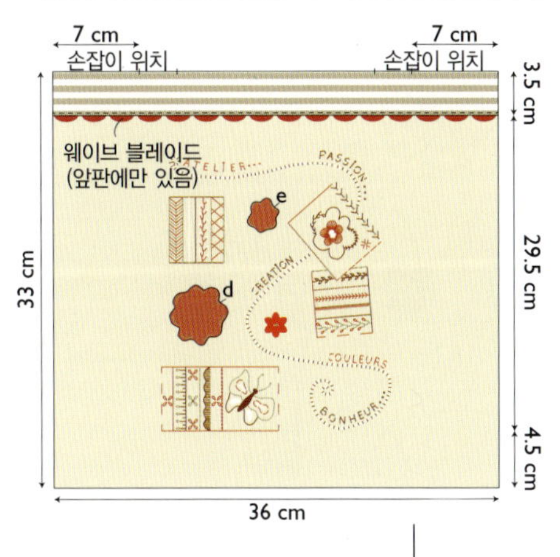

블록 6의 도안

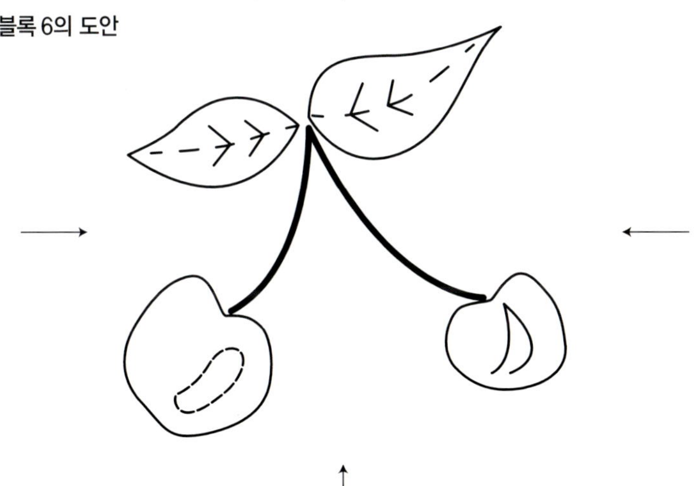

정원에서 In my garden (66쪽)

블록 2와 3의 도안과 아플리케

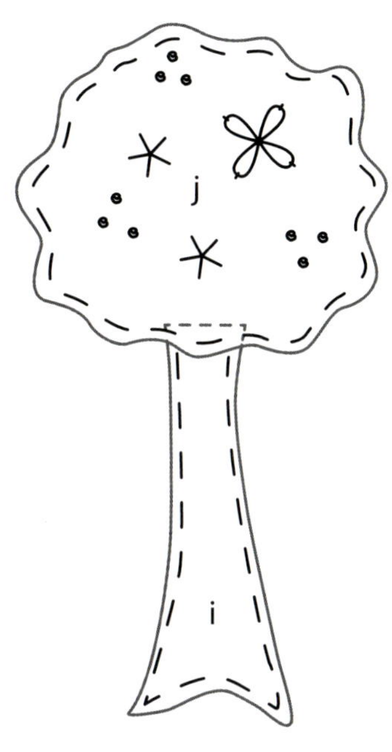

블록 8의 도안

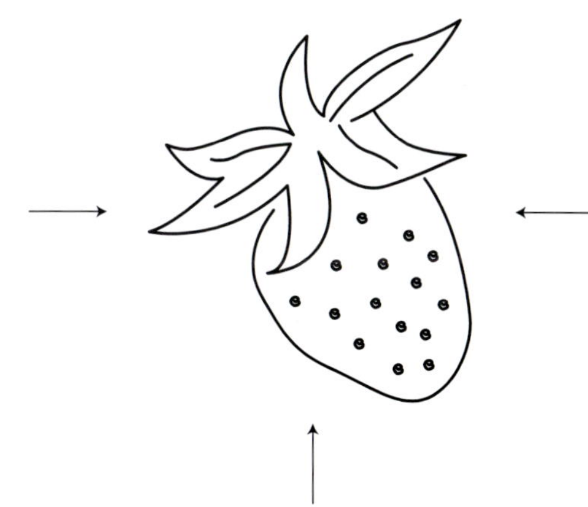

블록 7의 도안과 아플리케

블록 4의 누빔 도안

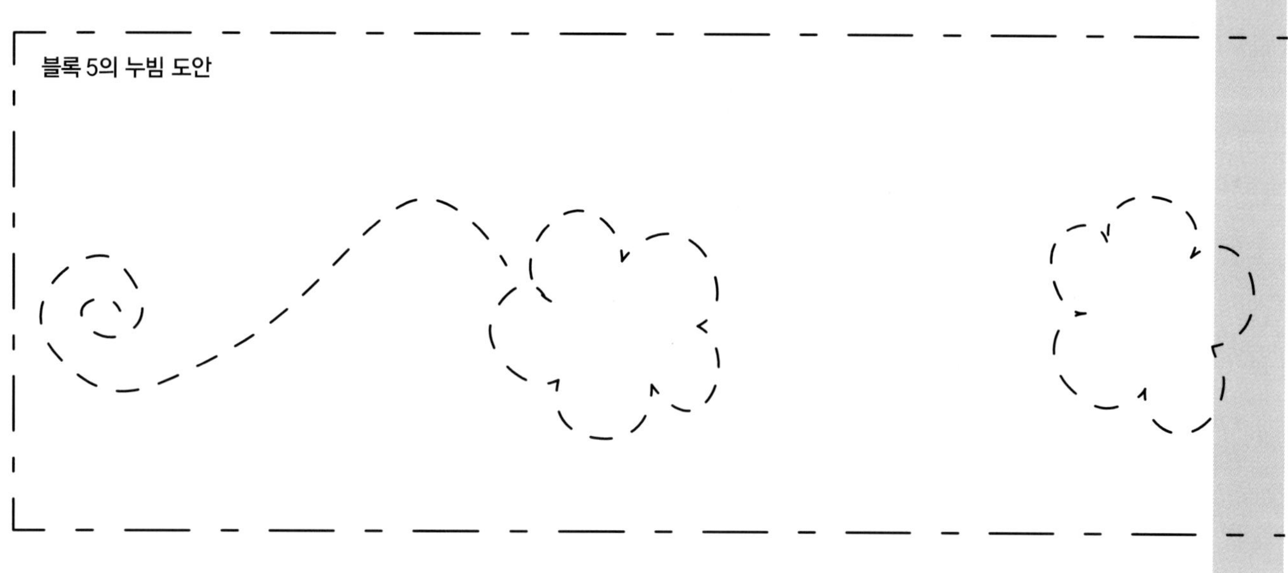

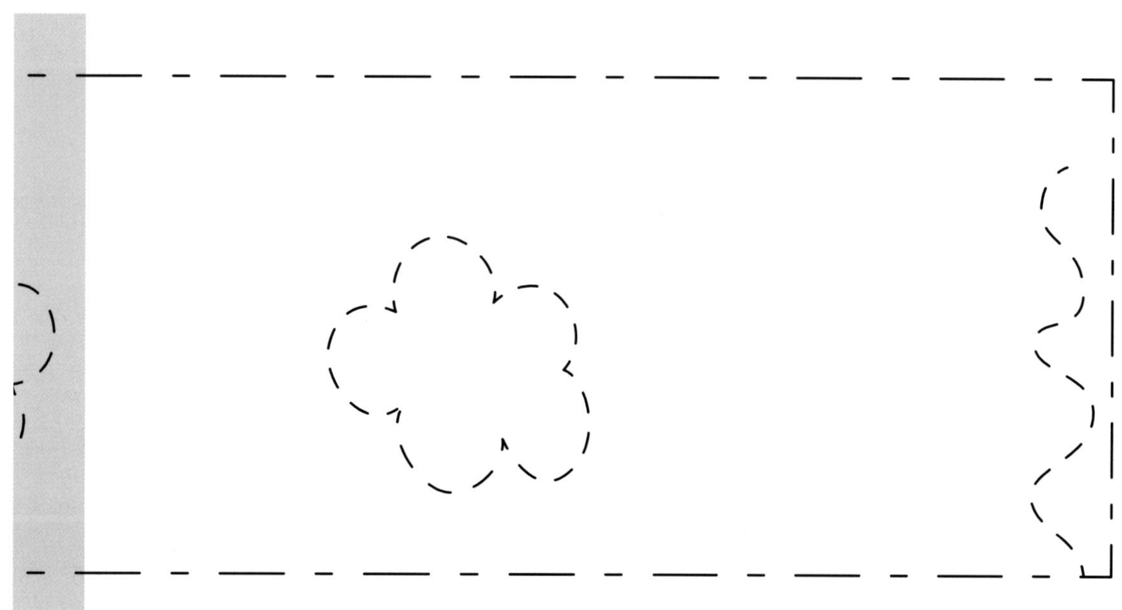

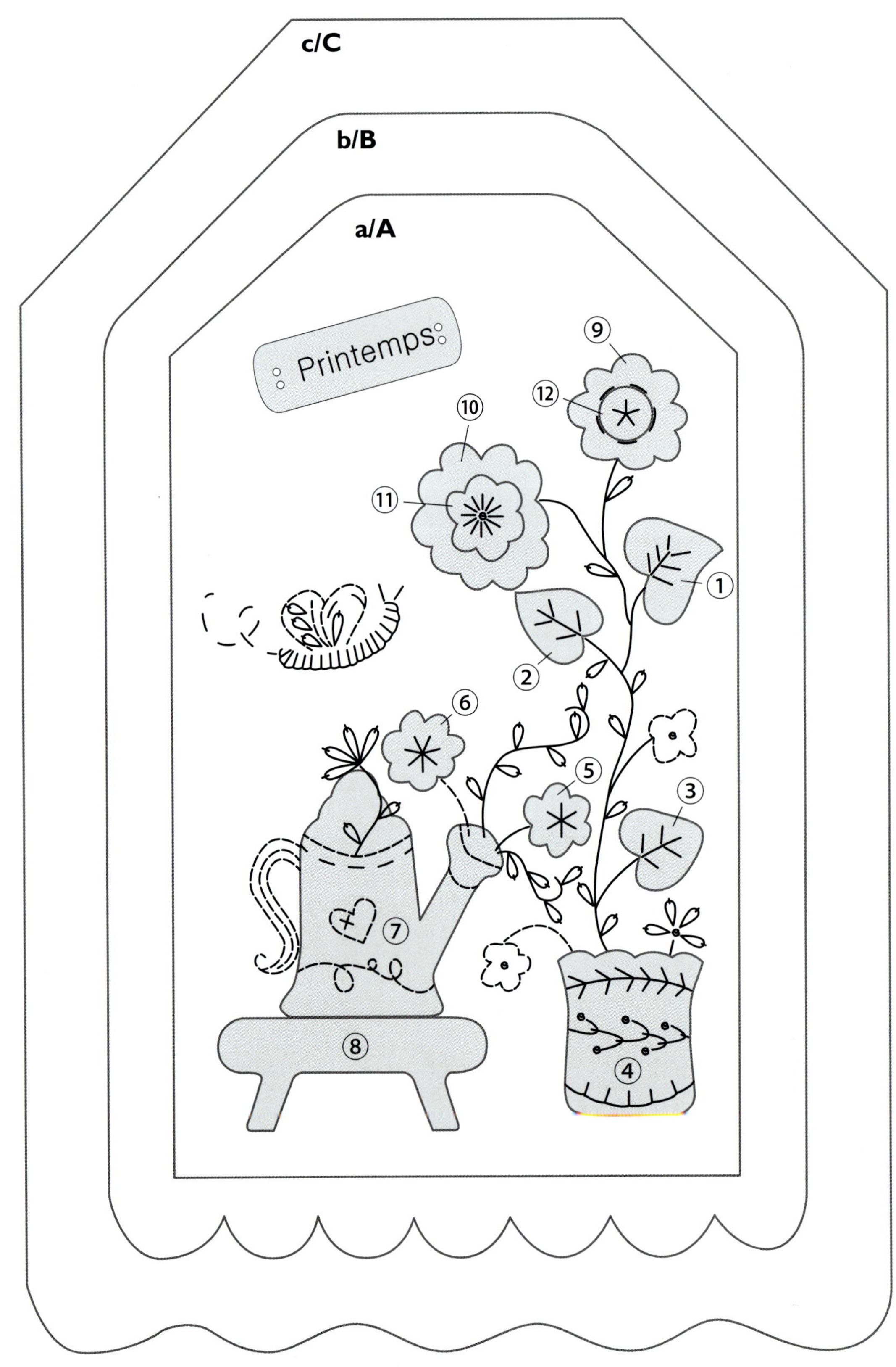

c/C
b/B
a/A
Printemps

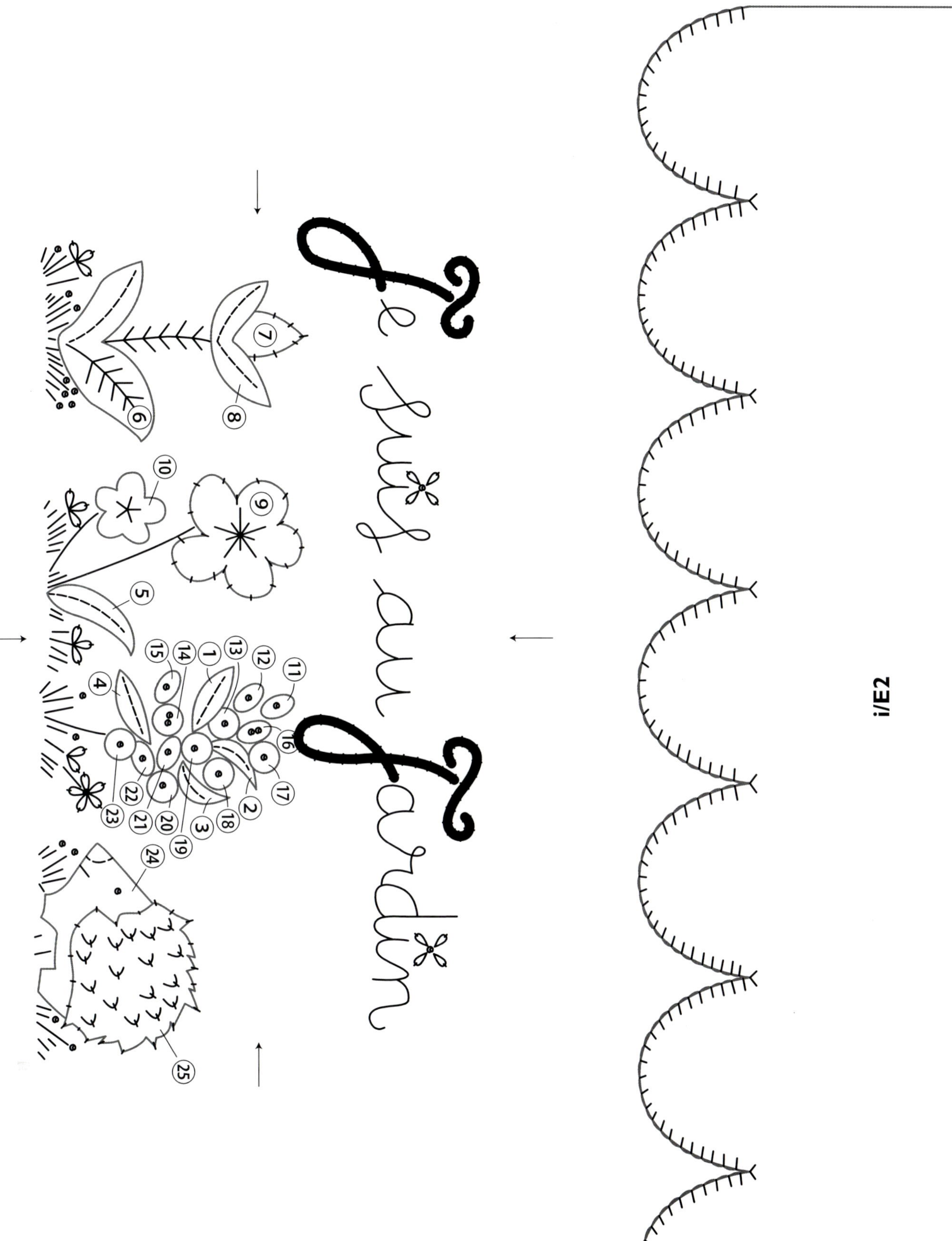

i/E2

블록 1의 도안
g/EI
누빔 도안
Côté Jardin
23
24
21
22

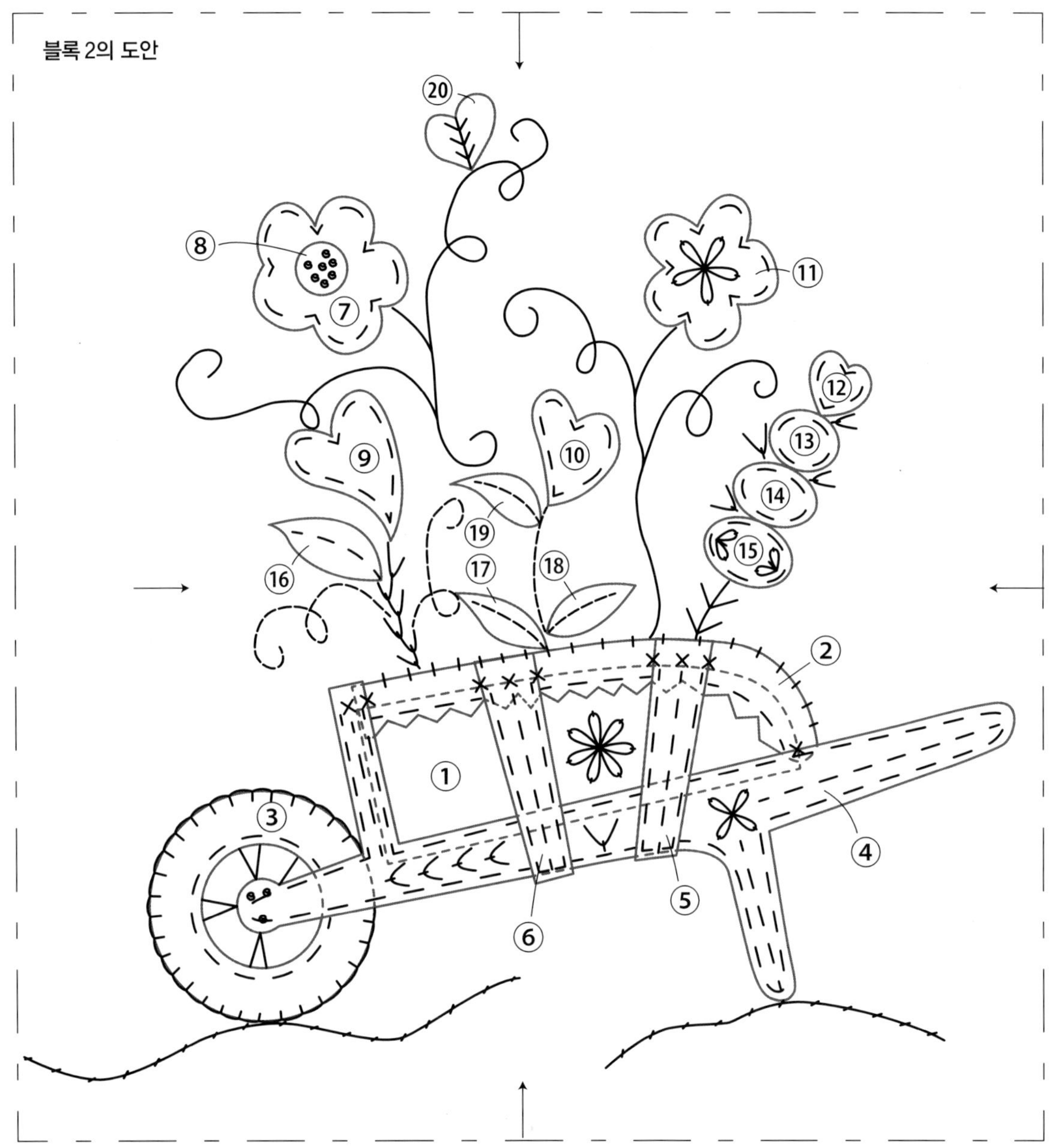

블록 2의 도안

삶에 긍정적 변화를 일으키는 터닝포인트 책들!